PAQUITA,

BALLET-VAUDEVILLE EN TROIS ACTES,

IMITÉ DU BALLET DE M. PAUL FOUCHER,

PAR

MM. PAUL ET PAUL DE FAULQUEMONT.

Musique de M. BARILLER,

DANSES RÉGLÉES PAR M. SCIO, MISE EN SCÈNE DE M. OSCAR.

Représenté pour la première fois à Paris, sur le théâtre Beaumarchais.

PARIS,

CHEZ MICHEL LÉVY, FRÈRES, LIBRAIRES,

RUE VIVIENNE, N° 1.

—

1847.

PAQUITA,

BALLET-VAUDEVILLE EN TROIS ACTES, IMITÉ DU BALLET DE M. PAUL FOUCHET,

PAR MM. PAUL ET PAUL DE FAULQUEMONT.

MUSIQUE DE M. BARILLER, DANSES RÉGLÉES PAR M. SCIO, MISE EN SCÈNE DE M. OSCAR.

Représentée pour la première fois à Paris, sur le théâtre Beaumarchais.

DISTRIBUTION :

Inigo, chef de gitanos (1er comique). }	MM. CAUTRU.
	OSCAR.
D. Lopez de Mendoza, corrégidor (grime)...................	VIDEIX.
Lucien d'Hervilly, officier français (jeune premier)...............	DEBRECIL.
Nunez, marchand forain............	THÉLIGNY.
Fretillard, trompette (travesti).......	Mme BOURGEOIS
Saltarello, jeune gitano............	Mlle CARLOTTA.
Paquita, servante d'Inigo (jeune premier rôle)...................	Mlle MARIE.

Dona Seraphina, pupille de Lopez (grande coquette)............... Mlle LAURE.

Mariquita, gitana (soubrette et Déjazet). Mlle V. HEFFER.

Pepita, gitana................... Mlle ADÈLE.

Carmen, gitana................... Mlle ANTOINETTE

Anita, cameriste de Séraphina....... Mlle LÉONIE.

Bartholoméo, gitano............... M. DÉSIRÉ.

Un Archer de la Sainte-Hermandad.

Gitanos, Villageois et Villageoises espagnols.

ACTE PREMIER.

Le théâtre représente l'intérieur d'une posada, ou hôtellerie espagnole, à l'enseigne de *Saint-Jacques*, vainqueur des Maures ; à gauche, un escalier avec une petite balustrade ; à droite, un mur treillagé ; au fond, une grande porte rustique dont les deux battants sont ouverts. — A l'extérieur, un site sauvage.

Scène Ire.

NUNEZ, SALTARELLO, PAQUITA, MARIQUITA, PEPITA, CARMEN, *Jeunes gitanos.*

CHŒUR.

INTRODUCTION.

(Musique de M. Bariller).

Où donc est le marchand forain,
Celui qui vend aux jouvencelles
Des étoffes et des dentelles.
Ecoutons, voilà son refrain.

NUNEZ, *entrant.*

Je vends du fil et des aiguilles,
Des bijoux et des espadrilles,
Des basquines et des résilles,
Et fais crédit aux belles filles.

Entendez-vous le fandango
Frémir au bruit des castagnettes ?
Le doux et tendre boléro
Au bal invite les fillettes ;
Pas un ruban diapré d'or
Pour les noirs cheveux d'Isabelle,
Pas de velours pour Léonor,
Ni de collier pour Arabelle.

Où donc est le marchand forain,
Celui qui porte aux jouvencelles
Des étoffes et des dentelles ?
Voici, voici son gai refrain,
Je vends, etc., etc.

En tous lieux mon nom est connu ;
On me recherche, on me muguette,
Et je suis aussi bien venu
Chez l'Agnès que chez la coquette.

Je prépare les rendez-vous
En débitant ma marchandise,
Et je glisse maint billet doux
Sous le nez d'une barbe grise ;
S'il fronce ses épais sourcils
En me toisant d'un œil sévère,
Je lui réponds : Pas de colère,
Laissez-moi mes petits profits.
Je vends, etc., etc.

Parfois au tomber de la nuit,
Quand je traverse la montagne,
A mes côtés j'entends du bruit,
Soudain l'épouvante me gagne.
Devant moi se dresse un bandit,
Il me fait : La bourse ou la vie,
Je demeure tout interdit ;
Je ne puis remplir votre envie ;
Je suis un pauvre colporteur ;
Ma balle est toute ma richesse ;
Laissez-moi fuir avec prestesse,
Car vous le voyez, monseigneur,
Je vends, etc., etc.

MARIQUITA. Je prends ces boucles d'oreilles ; quel est leur prix ?

NUNEZ. Soixante réaux.

MARIQUITA. C'est trop, mon cher.

NUNEZ. Allons donc, est-ce qu'il y a quelque chose de trop cher pour vous, qui voyez les ducats pleuvoir dans votre tambour quand vous dansez la manola aux fêtes où vous mène Inigo, votre patron.

MARIQUITA. En sa qualité de chef de notre tribu, et sous prétexte qu'il nous loge dans sa grange, Inigo empoche toute la recette.

NUNEZ. Oui ; mais il n'empoche pas les douros que

vous glissent avec mystère les riches et galans spectateurs, comme tribut de leur respectueuse admiration.

MARIQUITA. Pour qui me prenez-vous, maître Nunez? Voilà vos soixante réaux. (*Elle prend les boucles d'oreilles.*)

PEPITA. Combien cette basquine?

NUNEZ. En velours de Cordoue... quarante réaux... un vrai présent que je vous fais.

CARMEN. Et ce collier de corail?

NUNEZ. Douze piécettes, c'est donné. Pour vous le conserver, j'ai refusé de le vendre à la Juanita du grand théâtre de Madrid, (*S'approchant de Paquita, qui est simplement vêtue*). Et vous, ma jolie servante, ne ferez-vous aucun choix parmi mes marchandises?

PAQUITA. Je n'aurais pas d'argent pour vous les payer.

NUNEZ. Par saint Dominique! suis-je donc un Maure, un Sarrasin? Approchez, ne vous gênez pas, point de fausse honte. Prenez dans ma balle tout ce qui sera à votre convenance, et nous réglerons ce petit compte à mon prochain voyage; j'ai dit que vos jeux yeux m'inspiraient de la confiance (*plaçant une glace devant elle*), et vous pouvez voir que votre crédit est illimité.

PAQUITA. Je vous remercie, Nunez, mais je ne puis accepter; je n'irai pas à la fête de St-Jacques.

NUNEZ. Vous dont la beauté et l'excellent cœur sont l'objet de tous les regards, de tous les éloges; vous qu'on appelle dans le pays la rose blanche des montagnes.....

SALTARELLO. Fleur à laquelle personne n'ose toucher de peur de se piquer les doigts.

MARIQUITA. Voyez-vous ça... il n'y a plus d'enfans.

PAQUITA. Mon maître Inigo veut qu'il n'y ait pour moi ni beaux habits ni fêtes..... mais je me soumets à mon sort.

AIR de *Cendrillon*.

Je suis calme et résignée;
J'oppose, hélas! au malheur
De ma triste destinée
Ma prière et ma douleur,
Ne pouvant fléchir mon maître,

(*Montrant le ciel.*)

Vers un père elle monta;
Il aura pitié peut-être
De la pauvre Paquita.

NUNEZ. Ah! ça, cet Inigo, ce chef des bohémiens, moitié aubergiste, moitié voleur, a donc appris la galanterie parmi les ours, ses voisins?

SALTARELLO. Qui sont assurément moins mal léchés que lui.

MARIQUITA (*à Paquita*). Tu le mènerais par le bout du nez si tu le voulais; il te regarde avec des yeux.... Tiens, le départ n'est que pour ce soir.

NUNEZ. Et je ne quitte pas encore le pays.

MARIQUITA. D'ici là emploie toutes les séductions, redouble tes instances...

PAQUITA. Avec lui..... jamais. D'ailleurs, d'ailleurs ce serait inutile.

MARIQUITA. Alors, plante-le-là, lui et sa bicoque.

SALTARELLO. Et si vous avez besoin d'un compagnon de voyage...

MARIQUITA. Ce n'est pas toi qu'elle choisira.

CARMEN. Oui, tu as tort de te laisser mener comme une esclave.

PEPITA. On s'insurge.

MARIQUITA. On se révolte, on l'envoie à tous les diables.

NUNEZ. Il répondrait peut-être qu'il en vient.

PAQUITA. Le fuir... mais où trouverai-je un appui?

MARIQUITA. Quand on a ton âge et ta figure, on n'est embarrassé que des refus... et l'on trouve toujours quelqu'un que l'on préfère.

PAQUITA. Oui, trop souvent, peut-être.

SALTARELLO. Si seulement c'était moi.

Scène 9e.

LES MÊMES; FRÉTILLARD.

FRÉTILLARD. Holà! eh! quelqu'un!

PAQUITA. Qu'y a-t-il pour votre service, seigneur cavalier?

FRÉTILLARD (*frisant sa moustache, à part*). Par ma moustache, voilà de jolies filles. (*Haut.*) Un capitaine de mon régiment n'a-t-il pas tout à l'heure mis pied à terre dans ce bouchon sauvage?

PAQUITA. Nous n'avons vu personne.

FRÉTILLARD. C'est étonnant, je suis monté sur la cime d'une roche, et je n'ai découvert dans les environs d'autre maison que celle-ci.

MARIQUITA (*à part*). Quelle mine éveillée! (*Haut.*) Voulez-vous vous rafraîchir, mon gentil cavalier?

FRÉTILLARD. Pas avant d'avoir retrouvé le capitaine Lucien d'Hervilly. J'ai pour lui un ordre très-pressé du général.

MARIQUITA. Il se sera peut-être égaré; s'il avait rencontré un loup?...

CARMEN. Ou un sanglier...

MARIQUITA. Quel malheur!

FRÉTILLARD. Oui, un malheur pour le loup ou pour le sanglier; mon capitaine est un brave à quatre poils qui ne reculerait pas devant un taureau ou un rhinocéros; enfin, toute espèce de bêtes à cornes... Ah!... il n'y a que les maris dans ce genre-là qu'il épargnerait... Après ça, c'est si jeune.

NUNEZ. Quel âge a donc votre maître?

FRÉTILLARD. Mon maître!.... me prenez-vous pour un laquais?.... Par ma moustache! péninsulaire, mon ami, apprenez que le militaire français n'a pas de maître. Quant aux maîtresses, c'est une autre histoire.

AIR : *Ronde des Etudians.*

La guerre,
Prospère
Aux Français toujours,
Sans peine,
Promène
Partout leurs amours.
Oui le plaisir à chaque étape,
Nous prépare de doux relais,
Sur l'ennemi gaîment on tape,
Avec la femme on arrange la paix.
La guerre, etc.

La belle,
Appelle
En vain son époux.
Silence,
D'avance,
Il a fui nos coups.
Si l'adversaire aux champs de gloire,
Reste tombé sous nos succès,
L'autre moitié de la victoire,
A l'étranger laisse bien des Français.
La guerre, etc.

Pour en revenir à mon capitaine, il a vingt-cinq ans,
MARIQUITA. Et vous?

FRÉTILLARD (*frisant sa moustache*). Dix-sept.

MARIQUITA. A ce compte, vous n'êtes pas le plus vieux.

FRÉTILLARD. Les campagnes comptent double, et j'ai déjà tant servi. En Allemagne... mais on n'y trouve que des blondes et de la bière... dans les Pays-Bas, du Faro et des rousses... en Suisse, du lait et des châtaignes... tout cela est fadasse en diable... Parlez-moi de l'Espagne..., son vin est doré... ses femmes ont des yeux noirs; (*s'approchant de Paquita*) tiens, celle-ci a les yeux bleus... C'est égal (*il veut lui prendre la taille*).

PAQUITA. Laissez-moi, seigneur cavalier, les militaires de votre pays ont la réputation de respecter les femmes.

FRÉTILLARD. Ça dépend, j'ai rencontré à deux lieues d'ici deux vénérables matrones qui revenaient de vêpres, je les ai parfaitement respectées.

PAQUITA. Je vous prie de me traiter de même.

SALTARELLO. Et moi, je vous y engage.

— 3 —

FRÉTILLARD. A qui en a ce petit bonhomme. (A part) Il paraît que je ne ferai pas mes frais de ce côté. (Haut) Ah! ça, il y a donc des vertus dans ces montagnes.

MARIQUITA. Petit insolent.

FRÉTILLARD. — Ne vous fâchez pas, mon infante, ce n'est pas pour vous que je le dis cela.

MARIQUITA. Eh bien!... encore mieux.

FRÉTILLARD. Et je suis sûr que si je vous demandais le baiser des voyageurs.

MARIQUITA. Vous ne l'auriez pas.

SALTARELLO. Et j'y mettrais bon ordre.

FRÉTILLARD. Nous allons voir.

MARIQUITA. Prenez garde, toute bonne Espagnole a un stylet pour se défendre.

FRÉTILLARD. Où donc?

MARIQUITA. A sa jarretière.

FRÉTILLARD. Voilà qui pique ma curiosité. A l'assaut, morbleu!

Musique de M. Bariller.

Un si charmant objet
Doit subir en secret
Ma royauté galante.
Pourtant, s'il est besoin,
J'atteindrai même au loin,
Sa vertu chancelante.

Des baisers, il m'en faut;
C'est, dans un tel assaut,
Mon moyen d'escalade.

MARIQUITA.

Ah! le mauvais sujet,
Ravissons lui l'objet
D'une attaque insolente,
Défendons avec soin
(Car elle en a besoin)
Ma vertu qu'il tourmente.

NUNEZ, PEPITA, CARMEN.

Ah! le mauvais sujet,
Il faut sauver l'objet
D'une attaque insolente;
Alerte! et prenons soin,
(Car elle en a besoin)
D'une vertu tremblante.

MARIQUITA (le repoussant).

Qui va trop lestement,
Court risque bien souvent,
De battre la chamade.

Répétition de l'ensemble. (Ils sortent tous.)

Scène 3e.

PAQUITA (seule). Elles sont folles, rieuses.... elles ont des frères pour les protéger, des mères pour les chérir, tandis que moi, orpheline... abandonnée... Il me semble cependant que je n'ai pas toujours été aussi malheureuse... J'ai un souvenir vague.... confus d'un temps meilleur. La vieille parente de mon maître, la bonne Dolorès, la seule qui m'ait jamais montré de la pitié, m'a remis, avant de mourir, un portrait qu'elle avait trouvé sur moi... Une tête seulement bien belle, bien noble... mais aucun indice dans le costume: « Conserve-le bien précieusement, m'a-t-elle dit, c'est ton héritage, il te servira peut-être un jour à retrouver ta famille...» J'aurais été bien heureuse de le garder constamment sur mon sein, mais dans la crainte d'en être séparé... je l'ai caché là haut.... C'est mon unique bien, ma joie, mon trésor, et quand je suis seule, que je peux m'échapper un instant, je le couvre avec délices de baisers et de larmes.

AIR : *Musique de Bariller.*

Image tant chérie,
Mes seuls amours,
Sur mon âme attendrie
Règne toujours.
Souvent, hélas! quand mon courage expire,
Sous l'étreinte de la douleur,

Je te regarde, et ton sourire
Ranime l'espoir dans mon cœur.
Image, etc., etc,

Scène 4e.

LUCIEN, *arrivant par le fond.* PAQUITA.

LUCIEN. Cette maison m'a tout l'air d'une auberge.

PAQUITA (à part). Un jeune homme, un officier français.

LUCIEN. Pouvez-vous, ma belle enfant, faire rafraîchir mon cheval.

PAQUITA. Avec plaisir, senor. (Elle prend un sac d'avoine et le porte dehors).

LUCIEN (à part). La charmante physionomie, il semblerait qu'elle n'appartient pas à ce pays.

PAQUITA. Le senor voudrait-il se reposer lui-même?

LUCIEN. Je vous remercie, je regagnais en toute hâte le cantonnement des dragons de l'impératrice, dont je suis capitaine, et j'y serais déjà sans un accident...

PAQUITA (avec intention). Que vous est-il arrivé?

LUCIEN. Oh! pas à moi... Une jeune dame qui avait été surprise par un ours et que j'ai été assez heureux pour pouvoir défendre.

PAQUITA. Elle était donc seule?

LUCIEN. Non, elle avait un compagnon qui semblait dominé par la peur... En les quittant j'ai repris l'étrier, mais mon cheval, harassé de fatigue, a refusé de me porter plus loin.... c'est alors que, fort à propos, j'ai aperçu cette posada.... Mais vous, mon enfant, répondez-moi... les questions que je vais vous adresser sont peut-être indiscrètes?

PAQUITA. Oh! non, senor. (Lucien ôte son casque. A part.) Je me sens une confiance à écouter ce jeune homme... Pour la première fois depuis la mort de la pauvre Dolorès, on dirait que je me trouve avec un ami.

LUCIEN. Vous inspirez à la première vue un intérêt inexprimable... Qui êtes-vous donc?

PAQUITA. Mes vêtemens vous l'indiquent assez... servante dans cette posada.

LUCIEN. A voir tant de distinction et de grâce, j'en doutais encore... Votre nom?

PAQUITA. Paquita.

LUCIEN. Votre pays?

PAQUITA. Je ne connais que cette posada et les montagnes qui l'entourent.

LUCIEN. Votre famille?

PAQUITA. Je n'en ai pas.

LUCIEN. Quoi! pas un parent?

PAQUITA. Non; un maître seulement, qui m'a recueillie dans mon enfance.

INIGO (dehors). Paquita!

PAQUITA. Entendez-vous? c'est lui qui m'appelle.

LUCIEN. Et il ne vous a donné aucun détail...

PAQUITA. Aucun, il m'a trouvé, à ce qu'il affirme, dans un village dévasté par les Français.

LUCIEN. C'est peu vraisemblable.

INIGO (d'une voix plus élevée). Paquita! Paquita!

LUCIEN. A l'époque de votre naissance, l'Espagne et la France étaient en paix. Un mot encore... n'avez-vous pas quelqu'indice, quelque lumière?

Scène 5e.

INIGO, PAQUITA, LUCIEN.

INIGO (entrant brusquement en levant la main sur Paquita). Demonio... viendrez-vous enfin, quand j'appelle.

LUCIEN (le repoussant). Frapper une femme est l'action d'un lâche, et je ne souffrirai pas qu'on ma présence.

INIGO. Hein?.. quel est l'insolent? (Il porte la main à son stylet.) Un Français.... il est armé.... (Otant son bonnet.) Que désire le senor cavalier?

LUCIEN. Rien. J'étais entré pour laisser souffler mon cheval. (S'avançant vers Inigo.) Mais il paraît que je ne suis pas venu seulement pour cela.

PAQUITA. De grâce, seigneur, ne l'irritez pas.

LUCIEN (à part). Pour elle, ménageons-le. (Haut.) Je

sors et vais attendre aux environs le moment de me remettre en route; je reviendrai payer ma dépense. (*A part.*) Et revoir cette gracieuse enfant.

Scène 6°.

PAQUITA, INIGO.

INIGO (*à part*). Je voudrais lui faire payer sa dépense, ainsi qu'à tous les Français, de façon à les rendre insolvables pour toujours. (*Haut.*) Approchez, Paquita... Depuis longtemps, j'ai à vous parler d'affaires sérieuses.

PAQUITA. Je vous écoute, maître.

INIGO. Oui, votre maître, votre protecteur, ne l'oubliez pas. Depuis douze ans, je vous nourris à ma table, que vous servez, c'est vrai... Je vous loge dans ma posada, que vous balayez laborieusement, je vous rends cette justice... Enfin, vous avez été littéralement accablée de mes bienfaits.

PAQUITA. J'en suis reconnaissante, maître.

INIGO. Vous le serez bien davantage, quand vous saurez quel bonheur je vous garde.

PAQUITA (*à part*). Je tremble de comprendre.

INIGO. Oui, Paquita, votre sort va changer; vous n'êtes plus dans l'âge où les jeunes filles entendent chanter impunément les rossignols et roucouler les colombes... Il fallait vous préserver d'un terrible danger... l'amour, et j'ai pensé à vous épouser.

PAQUITA (*à part*). Ce dernier coup manquait à mon malheur.

INIGO. Je daigne franchir la distance qui sépare le maître de l'esclave, et je vous élève jusqu'à moi.

AIR : *Le Klephte de Labarre.*

Veux-tu devenir ma compagne
Jeune fille aux yeux de velours;
Je t'offrirai sur ma montagne
Ma tendresse et du beefsteak d'ours.

Sans payer d'imposition,
Irais-tu parer la boutique
D'un droguiste ou d'un marmiton?
Vivons libres, couple héroïque,
Veux-tu, etc.

Les félicités les plus hautes
Deviendront le prix de la foi.
Je fais crever de faim mes hôtes,
Et ne veux engraisser que toi.

Tu vas devenir ma compagne,
Jeune fille aux yeux de velours;
Viens, je t'offre sur ma montagne
Ma tendresse et des beefsteaks d'ours.

PAQUITA (*à part*). Je ne sais comment lui dire?...

INIGO. Ainsi, vous acceptez... vous ne répondez pas... Je comprends... votre joie est si vive qu'elle a peine à s'exprimer.

PAQUITA. Maître, je suis votre servante, je dois vous obéir.

INIGO. A la bonne heure.

PAQUITA. Mon temps vous appartient, mais mon cœur n'est pas à vous.

INIGO. Et à qui donc?

PAQUITA. A personne; mais ce mariage est impossible.

INIGO. Impossible... aurais-je un rival? Cet officier a pris votre défense avec bien de la chaleur.

PAQUITA. Lui... oh! pas du tout.

INIGO. Elle rougit... elle se trouble... Demonio, vous obéirez.

PAQUITA. Je ne vous aime pas.

INIGO. Belle raison!

PAQUITA. L'honneur me défend de promettre ce que je ne puis tenir.

INIGO. Allons donc, les promesses ont été inventées pour les choses impossibles; mais ici je ne vous demande que votre soumission, et je l'aurai.

PAQUITA. Jamais.

(*Ensemble.—Musique de M. Barillet.*)

Entre ma tendresse et ma haine
L'instant est venu de choisir,
La résistance serait vaine,
Il faut céder et m'obéir.

PAQUITA.

Prenez pitié de votre esclave
Et modérez votre courroux.

INIGO.

Malheur à celle qui me brave!

PAQUITA.

Plutôt la mort que d'être à vous.

(*Ensemble.*)

INIGO.

Entre ma tendresse et ma haine, etc.

PAQUITA.

Entre sa tendresse et sa haine
Voici le moment de choisir,
Son insistance sera vaine,
Et je refuse d'obéir.

INIGO. Je ne me suis pas vengé souvent... un pauvre gitano ne se permet pas ces plaisirs de grand seigneur... Mais cet insolent officier n'emportera pas en paradis l'injure et les bourrades que j'ai reçues (*il se frotte l'épaule*), c'est-à-dire, si je ne me trompe, il l'y emportera bientôt si les Français y vont... ce qui est douteux. Les refus de Paquita ont une cause secrète... les femmes s'amourachent si vite... du premier godelureau venu... Oh! si c'était vrai!

Scène 7°.

SERAPHINA, LOPEZ, LUCIEN, INIGO (*qui entrent en causant ensemble*).

SERAPHINA. Non, seigneur capitaine, je ne souffrirai pas que vous nous quittiez ainsi... puisque mon bonheur m'a fait vous rencontrer aux portes de cette posada, vous dînerez avec nous.

LUCIEN. On m'attend au quartier général.

SERAPHINA. On attendra. Dans mes courses à travers la montagne, je m'arrête parfois chez le brave Inigo, qui me vend fort cher des repas détestables... mais avec un appétit de chasseur... (*A Inigo.*) Trois couverts à l'instant.

INIGO. Vous serez contente, senora.

LOPEZ (*à part*). Cette figure ne m'est pas inconnue.

Scène 8°.

LOPEZ, LUCIEN, SERAPHINA.

SERAPHINA. Voilà qui est entendu, je vous garde, vous n'avez pas le droit de me refuser... Si vous ne vous étiez pas trouvé là...

LUCIEN. L'Aragon aurait perdu une de ses plus belles filles.

SERAPHINA (*bas à Lopez*). Et un de ses corrégidors; il y aurait eu compensation (*A Lucien*). Mon tuteur, D. Lopez de Mendoza, que votre brusque départ m'avait empêché de vous présenter...

LOPEZ. Ma reconnaissance...

SERAPHINA. Doit être énorme, si elle est proportionnée à la peur que vous avez eue.

LOPEZ. Aussi, quelle singulière idée de vous aventurer à la chasse dans ces montagnes.

SERAPHINA. C'est mon plus grand plaisir, et si je ne vous avais pas eu avec moi, j'aurais regardé la rencontre de l'ours comme une véritable bonne fortune; j'aime le bruit, les émotions de la chasse et les courses à cheval.

AIR de Mme Favart.

Musique, dessin, broderie,
J'ai repoussé ces arts légers,
Puérile coquetterie,
Très-souvent pleine de dangers;
Aux bois, le fusil sur l'épaule,
J'ai moins encore à redouter;
Et des hommes j'ai pris le rôle,
Afin de mieux les éviter.

(Regardant Lopez.)
Des hommes, si je prends le rôle,
Souvent c'est pour les éviter.

LOPEZ. C'est très-bien ; mais vous ne devriez pas faire partager aux autres des dangers inutiles.
SERAPHINA. Pourquoi me suivez-vous ?
LOPEZ. N'est-ce pas mon devoir ?
SERAPHINA. C'est dommage qu'en cette circonstance les rôles aient été intervertis... Vous voyant tomber en syncope, j'ai pris imprudemment, pour vous porter secours, mon flacon au lieu de mes pistolets, et pendant ce temps-là l'ours s'est élancé sur moi ; *(à Lucien)* c'est alors que vous l'avez abattu avec une rare intrépidité... avez-vous, capitaine, que je vous en voulais à mort de vous être dérobé à mes remercîmens ; je vous ai vu aujourd'hui pour la première fois, mais on m'a souvent parlé de vous.
LUCIEN. Qui donc, senora ?
SERAPHINA. Mon amie intime, la sœur de votre général, de votre général qui vous a élevé, qui vous a servi de père... car vous n'avez plus de parens, n'est-il pas vrai ?
LUCIEN. Oui, senora, en effet.
SERAPHINA. Vous voyez que je suis bien instruite... j'aurais plutôt passé en revue toute l'armée que de ne pas vous retrouver.
LUCIEN *(à part)*. Quelle singulière femme !
SERAPHINA. En expiation de ce tort, je m'empare de vous pour toute la journée, et demain vous serez mon cavalier à la fête de Saint-Jacques, dans la Vallée des Taureaux.
LUCIEN. Une pareille punition est une grâce, senora.
SERAPHINA. Oh ! pas de madrigaux, je les déteste.
LOPEZ. Mais, Séraphina, les convenances..... vous oubliez qu'en ma double qualité de corrégidor et de tuteur...
SERAPHINA. Vous êtes doublement ennuyeux.... vous feriez mieux d'aller voir si le diner s'apprête, car je me sens un appétit de pensionnaire.
LUCIEN. Je ne souffrirai pas que le senor don Lopez se dérange ; je vais moi-même prendre ce soin *(à part)* et essayer d'entrevoir celle que je n'ai pu retrouver.

(Ensemble). Musique de M. Bariller.

SERAPHINA.	LUCIEN.
Que je demeure ou que je sorte,	Qu'elle demeure ou qu'elle sorte,
Capitaine, jusqu'à demain	Me voilà pris jusqu'à demain,
Vous devez me servir d'escorte	Il faudra lui servir d'escorte,
Et je compte sur votre main.	Car elle compte sur ma main.

LOPEZ.
Qu'elle demeure ou qu'elle sorte,
Le voilà pris jusqu'à demain,
Il faudra lui servir d'escorte,
Car elle compte sur sa main.

Scène 9.

SÉRAPHINA, LOPEZ.

SERAPHINA. Le charmant cavalier !
LOPEZ. Pas trop... sa figure a quelque chose qui...
SERAPHINA. Qui... quoi...
LOPEZ. Ne me revient pas du tout.
SERAPHINA. Dites que vous voudriez plutôt qu'elle ne vint pas... mais une question ?
LOPEZ. Laquelle ?
SERAPHINA. Quel est mon âge ?
LOPEZ. Par exemple !
SERAPHINA. Vous êtes mon tuteur, et ces détails de chiffres vous regardent plus que moi.
LOPEZ. Vous aurez vingt-quatre ans dans huit jours.
SERAPHINA. Déjà ! depuis quand suis-je veuve ?
LOPEZ. Depuis dix-huit mois.
SERAPHINA. Pas davantage ! A quelle somme se monte mon revenu annuel ?...
LOPEZ. En vérité, je ne vous comprends pas...
SERAPHINA. Vous n'avez pas besoin de comprendre...
LOPEZ. Votre ferme d'Andalousie, 15,000 réaux ; vos prêts d'Aragon, 25,000... ; votre maison de Grenade...

SERAPHINA. Passez, passez, et arrivez au total.
LOPEZ. Le total est de... *(il réfléchit).*
SERAPHINA. Finissez donc, vous me ferez perdre patience.
LOPEZ. Trois cent mille réaux.
SERAPHINA. Vos comptes sont-ils en règle, cher tuteur ?
LOPEZ. Ce lieu n'est pas convenable pour un si grave entretien.
SERAPHINA. Ah ! vous m'agaceriez les nerfs, si j'en avais...
LOPEZ. Vous demandez mes comptes, je suis prêt à les rendre *(à part)* à moi-même, car autrement...
SERAPHINA. C'est bien.... je n'ai jamais eu d'amant, vous le savez... il aurait fallu le craindre et je hais la dépendance... j'ai eu un mari, mais il a manqué de soumission... Cependant l'état de veuve a ses désagrémens, et comme je ne connais pas de demi-mesures, si je prends un époux, un maitre, je veux au moins qu'il soit brave.
LOPEZ *(à part)*. J'aurais eu peu de chance... j'ai bien fait de ne pas me déclarer.
SERAPHINA. J'ai résolu d'épouser l'officier auquel nous devons la vie, et je vous charge...
LOPEZ. De quoi ?
SERAPHINA. D'aller demander sa main à son général.
LOPEZ. Allons donc ! vous n'y pensez pas.
SERAPHINA. Je parle sérieusement, et vous savez que pour moi, il y a peu d'intervalle du projet à la chose, je ne fais rien comme les autres, je vous l'ai dit.
LOPEZ. Un étranger.
SERAPHINA. Un homme charmant.
LOPEZ. Qui n'a pas un maravedis peut-être.
SERAPHINA. Je suis assez riche pour nous deux.
LOPEZ. Ce projet n'a pas le sens commun, et si je refusais d'y souscrire ?
SERAPHINA. Alors vous me réduiriez à une extrémité bien pénible ; je serais obligée de renoncer...
LOPEZ. A votre mariage ?...
SERAPHINA. A votre consentement.
LOPEZ *(à part)*. Elle le ferait comme elle le dit ; et si je ne trouve pas un moyen...

Scène 10.

Les mêmes, INIGO.

INIGO. La senora est servie.
SERAPHINA. Et le senor capitaine ?
INIGO. Nous attend à table ; *(à part)* il rôdait autour de Paquita, mais j'y ai mis bon ordre.
LOPEZ *(toisant Inigo)*. Décidément, je suis certain d'avoir vu cette tête-là sur les épaules d'un coquin.
INIGO *(à part)*. Il me regarde d'un air de connaissance ; je n'aime pas cela.
LOPEZ. Hâtons-nous, senora, je voudrais me mettre en route avant la nuit.
SERAPHINA. Félicitez-vous de ce retard, au contraire, les ours se couchent avec le soleil.

(Ensemble). Musique de M. Bariller.

SÉRAPHINA ET LUCIEN.	LOPEZ.
Allons, corrigeor, à table ;	Vous le voulez, allez à table ;
Car au diner pour faire honneur,	Maison dîner pour faire honneur,
Je sens une soif de diable,	Il faudrait une soif de diable,
Et un appétit de chasseur.	Avec l'appétit d'un chasseur.

INIGO.
Ils ont une soif de diable,
Et un appétit de chasseur.
Ils vont enfin se mettre à table,
A mon diner pour faire honneur.

Scène 11.

FRÉTILLARD *seul.*

J'ai attrapé la belle sans trop courir.... elle m'a permis d'espérer. Or, dans notre métier, et quand on ne fait que passer, il faut espérer vite... mais Mars avant Vénus ! le service avant l'amour !... cherchons d'abord mon capitaine.

Scène 12ᵉ.

LUCIEN, FRÉTILLARD.

FRÉTILLARD. Je vous trouve enfin, mon capitaine.

LUCIEN. Que me veux-tu ?

FRÉTILLARD. J'ai appris tout à l'heure, par un cavalier d'ordonnance, que le général en chef vous demandait pour une communication importante.

LUCIEN. C'est bien ; je pars à l'instant même ; aussi bien il est prudent à moi de m'éloigner de ces montagnes.

FRÉTILLARD. Si je puis vous être bon à quelque chose... disposez de ma vieille expérience.

LUCIEN. J'ai rencontré une jeune fille dont la vue m'a jeté dans un trouble... une émotion...

FRÉTILLARD. C'est cela qui vous fait fuir ?

LUCIEN. Ah ! si tu la voyais... une pauvre servante avec une figure d'ange... des manières si nobles, si distinguées.. malheureuse enfant, maltraitée... accablée de fatigues, abreuvée d'humiliations...

FRÉTILLARD. Je devine qui ; elle est ravissante, en effet.

LUCIEN. Quand je l'ai vu servir à table, et se détourner pour cacher de grosses larmes qui roulaient dans ses yeux... oh ! alors, le cœur m'a manqué, j'ai prétexté une indisposition.

FRÉTILLARD. C'est une passion véritable, mon capitaine, prenez garde à vous. (Inigo paraît.)

LUCIEN. Une voix secrète m'avertit qu'elle aurait bientôt partagé mon amour.

INIGO (à part). Plus de doute, voici la cause de la résistance de Paquita.

LUCIEN. Oui, je dois partir, car si je la voyais encore, je n'aurais plus le courage de m'en séparer.

INIGO (à part). J'en tiendrai bonne note.

LUCIEN. Avant de remonter à cheval, je dois prendre congé d'une noble espagnole, amie de notre général, que j'ai rencontrée ce matin, et dont je serai demain le cavalier à la fête de Saint-Jacques.

FRÉTILLARD. A la bonne heure...

LUCIEN. Ne t'éloigne pas, je reviens dans l'instant. (Il rentre dans la posada.)

INIGO (seul). Nous nous retrouverons, mon bel officier. Je sais maintenant comment et où assurer ma vengeance. Mes gitanos s'impatientent ; il me faut veiller aux préparatifs du départ.

(On entend dans la coulisse le chœur des gitanos.)

Musique de M. Bariller.

La danse nous invite,
Hâtons-nous d'accourir,
Le temps emporte vite
Les heures du plaisir.

Scène 13ᵉ.

FRÉTILLARD, INIGO, SALTARELLO, MARIQUITA, PÉPITA, CARMEN, puis PAQUITA.

(Les jeunes filles sont enveloppées de leur cape de voyage, et portent des paquets.)

MARIQUITA (à Paquita). Eh bien ! as-tu obtenu de venir avec nous ?

PAQUITA. Je ne l'ai pas même demandé.

MARIQUITA. Vieux grigou !..... Mais il en est temps encore... Les hommes, vois-tu, ressemblent à leurs pourpoints : plus il sont vieux, et plus on les retourne.

(On entend chanter dehors.)

Je vends du fil et des aiguilles,
Des castagnettes, etc., etc.

SALTARELLO. Méchante, vous vous êtes donc laissé embrasser par ce soldat !

MARIQUITA. Vous aurez votre tour.

SALTARELLO. Quand cela ?

MARIQUITA. Quand vous serez plus grand.

SALTARELLO. J'attendrai, à une condition.

MARIQUITA. Laquelle ?

SALTARELLO. C'est qu'à la fête de saint Jacques, je danserai la manola avec vous.

MARIQUITA. J'y consens.

Scène 14ᵉ et finale.

NUNEZ, INIGO, PAQUITA, MARIQUITA, PEPITA, CARMEN, puis D. LOPEZ, LUCIEN, et SERAPHINA.

Musique de Bariller.

NUNEZ (à Paquita.)

Près de vous, belle enfant, en ce moment enfin,
Serai-je plus heureux ici que ce matin ?
De ce ruban, voyez la mine,
Ces jupes à paillettes d'or,
Ces gants brodés, cette basquine...
Eh quoi ! vous résistez encore.

(Montrant les cheveux de Paquita.)

Que là cette rose si belle,
De votre teint semble la sœur,
Qu'aux bijoux, vivante étincelle,
Vos beaux yeux prêtent leur splendeur.

PAQUITA (à part).

Je lui plairais ainsi vêtue.

(S'éloignant des objets qu'elle a contemplés avec envie.)

Cachez-moi tout cela, j'aurais trop de regrets.

INIGO.

Regardez et prenez.

PAQUITA.

O Ciel !

INIGO.

C'est à mes frais.
N'épargnez pas mon or. (Il tire sa bourse.)

MARIQUITA.

Quel changement à vue !

INIGO.

Vous viendrez à la fête ?

MARIQUITA.

Aurait-il de bons jours ?
Profitons de momens si rares et si courts.

(Paquita et Mariquita font un choix).

(Reprise de l'ensemble.)

La danse nous invite,
Hâtons-nous d'accourir,
Le temps emporte vite
Les heures du plaisir.

LUCIEN, entrant avec Seraphina et D. Lopez.

Auprès du général à l'instant on m'entraîne ;
Mais à la fête après, je vous retrouve encore.
Notre camp n'est pas loin.

SERAPHINA.

Ensuite je vous mène
A mon château de Villaflor.
(A son tuteur.)
N'est-ce pas ?

D. LOPEZ (à part).

Oui, pourvu qu'il en sorte au plus vite.

INIGO (à part, la main sur son stylet).

Je saurai t'épargner d'arriver jusque-là.

FRÉTILLARD (gaiment).

Au château comme aux champs, puisque l'on nous invite,
Vive la camériste après la gitana.

INIGO.

Au départ, enfans, qu'on s'apprête ;
Bientôt nous serons de retour.
Mais il nous faut à cette fête
Arriver tous avant le jour.

(Ensemble.)

INIGO ET D. LOPEZ.
Vite au dé part que l'on s'a, prête;
Mais la vengeance aura son tour.
Pour mon cœur jaloux, cette fête,
Sera doublement un beau jour.

PAQUITA ET LUCIEN.
Vite au départ que l'on s'apprête;
Le plaisir doit avoir son tour.
Mais il manque dans cette fête
Un doux espoir pour mon amour.

SERAPHINA.
Vite au départ que l'on s'apprête;
Bientôt l'hymen aura son tour.
Pour mon cœur ému, cette fête,
Sera doublement un beau jour.

GITANAS ET MULES.
Au départ, enfans, qu'on s'apprête
Le plaisir doit avoir son tour.
Mais il nous faut à cette fête
Arriver tous avant le jour.

(Dernier ensemble.)

La danse nous invite, etc.

(Tableau du départ. Lucien, Seraphina et D. Lopez sortent d'un côté, Inigo, Paquita, etc., se mettent en route de l'autre.)

FIN DU PREMIER ACTE.

ACTE DEUXIÈME.

Un site dans les montagnes: à droite et au fond, des rochers et des arbres; à gauche, l'image ou la statue de saint Jacques, sur le second plan.

Scène Ire.

ANITA, FRÉTILLARD.

FRÉTILLARD. Ainsi, ma petite Anita, voilà qui est arrangé; je vous adore, vous m'aimez, et le jour où votre maîtresse épousera le capitaine...

ANITA. Eh bien?

FRÉTILLARD. Nous parlerons de notre mariage.

ANITA. Je n'ai pas dit cela du tout.

FRÉTILLARD. Si vous l'aviez dit, où serait donc le mérite de l'avoir deviné.

ANITA,

AIR: *Musique de M. Bariller.*

Quand j'ai quitté notre village,
Ma grand'mère Margarita
M'a dit : « Si tu veux rester sage,
Crains les Français, mon Anita,
Le Français est un loup vorace,
Un larron d'honneur qui s'enfuit,
Aux filles laissant à sa place
La honte et tout ce qui s'ensuit.

FRÉTILLARD. Je ne sais pas s'il existe des hommes assez pervers pour se conduire de la sorte.... mais moi, Anita... moi!...

ANITA. Vous...

FRÉTILLARD. Mettre ma sincérité en doute, serait me faire une cruelle injure.

AIR: *Je vous le dis en vérité.*

Je vous le dis en vérité,
Je brûle d'une pure flamme,
Et rien n'a terni de mon âme
La virginale pureté.
Si les rosières à moustaches
Pour la couronne étaient admis,
Anita, ma candeur sans tache
Aurait... ce qu'il faut pour le prix.

ANITA. Eh bien! nous verrons, quand vous m'aurez fréquentée pour le bon motif.

FRÉTILLARD (à part). Qui diable s'est avisé d'importer le bon motif en Espagne? c'est peu couleur locale.

ANITA. Seulement deux ou trois ans.

FRÉTILLARD. Excusez du peu.

ANITA. Alors, vous pourrez espérer.

FRÉTILLARD. Enfin!

ANITA. De m'épouser.

FRÉTILLARD. Et le régiment qui part dans quelques jours. (A part.) Il faudra que nous changions de motif... (Haut.) Anita, vous ne serez pas si inhumaine.

ANITA. Voici ma maîtresse, taisez-vous.

FRÉTILLARD. Son tuteur l'accompagne.

Scène 2e.

LES MÊMES, D. LOPEZ, SERAPHINA.

D. LOPEZ. Que faites-vous avec ce soldat, péronnelle?

SERAPHINA. Ne la grondez pas, corrégidor, ce jeune homme est attaché au service du capitaine d'Hervilly.

D. LOPEZ. Oh! les mœurs de notre vieille Espagne.

FRÉTILLARD (à part). Que j'aurais de plaisir à cingler avec ma chambrière le visage de ce vieux sapajou.

D. LOPEZ. Vous dites...

FRÉTILLARD. Rien, et je retire ma comparaison; elle serait trop désagréable.

D. LOPEZ. Pour moi?

FRÉTILLARD. Non... (A part.) pour les sapajous.

SERAPHINA. Ne vous éloignez pas, petite; j'aurai tout à l'heure des ordres à vous donner.

Scène 3e.

DON LOPEZ, SERAPHINA.

SERAPHINA. Ainsi, vous avez été au quartier général?

D. LOPEZ. Savez-vous, Seraphina, que je suis une girouette que votre caprice fait tourner à tous les vents.

SERAPHINA. Du moment que vous êtes homme politique, cela ne change rien à vos habitudes; vous vous êtes donc présenté de ma part à M. d'Hervilly?

D. LOPEZ. Puisque vous étiez résolu à fouler aux pieds de vénérables convenances...

SERAPHINA. Que je brave...

D. LOPEZ. L'opinion du monde.

SERAPHINA. Dont je me moque.

D. LOPEZ. Les usages reçus.

SERAPHINA. J'aime l'originalité.

D. LOPEZ. Pour hasarder une démarche inqualifiable.

SERAPHINA. Que de paroles inutiles!

D. LOPEZ. J'ai trouvé dans mon attachement à votre personne assez de force, assez de courage pour assumer sur ma tête toute la responsabilité de cette épineuse affaire (à part), afin de la faire échouer.

SERAPHINA. Avez-vous vu Lucien? répondez oui ou non.

D. LOPEZ. Oui.

SERAPHINA. Comment vous a-t-il reçu?

D. LOPEZ. Mal. (A part.) Comme je le voulais.

SERAPHINA. Eh bien! cher tuteur, j'ai été de tout point plus heureuse que vous.

D. LOPEZ. Ah! bah!

SERAPHINA. J'ai rencontré le capitaine au moment où il se rendait chez son général, au camp, sous Grenade...

D. LOPEZ. Cela n'est pas possible.

SERAPHINA. Si possible que, malgré la timidité naturelle à son sexe, il m'a donné son consentement. Nous fixerons ici même, après la fête de St-Jacques, le jour de notre mariage.

D. LOPEZ. C'est donc avant son entrevue avec le commandant en chef que vous avez vu pour la première fois le senor d'Hervilly.

SERAPHINA. Sans doute.

D. LOPEZ. Moi, c'est après, et cela change diamétra'ement les choses... Il paraissait soucieux et murmurait en se frappant le front des paroles incohérentes.... comme « pauvre cousine!... et moi qui n'y songeais plus... la vengeance d'abord. »

SERAPHINA. Serais-je trahie? cette cousine me rendra raison l'épée ou le pistolet au poing.... mais vous verrez qu'elle ne saura pas se battre... Voici Lucien lui-même, nous allons tout apprendre.

Scène 4°.

LES MÊMES, LUCIEN.

SERAPHINA. Vous êtes en retard, capitaine ; vous m'aviez promis de venir ce matin à Villaflor et de m'accompagner à la vallée des Taureaux.

LUCIEN. Croyez, senora, qu'un devoir impérieux a pu seul me faire oublier un tel engagement. J'ai su vous apprécier, et, malgré l'originalité de votre caractère....

SERAPHINA. Eh bien !...

LUCIEN. J'ai deviné tout ce qu'il y avait de noblesse et de dévoûment dans votre cœur. Avant notre mariage, cependant, j'aurai une sainte mission à remplir.

D. LOPEZ (à part). Que dit-il ?

SERAPHINA. Rien n'est changé dans nos projets.

LUCIEN. Rien.

SERAPHINA (à Lopez). Que me rabâchiez-vous ?

LUCIEN (à part). Il faut à tout prix que j'élève entre Paquita et moi une barrière insurmontable.

SERAPHINA. Pour un magistrat, chef suprême de la police, vous n'êtes pas souvent sur la piste de la vérité.

D. LOPEZ (à part). Oh ! tout n'est pas fini.

SERAPHINA (à Lucien). On m'a parlé d'une cousine....

LUCIEN. En effet....

SERAPHINA. Au point où nous en sommes, j'ai droit à vos secrets, à vos chagrins surtout... Si mon tuteur est de trop...

D. LOPEZ (à part). Elle ne se gêne pas.

LUCIEN. L'événement qui me préoccupe n'est point un mystère, senora. J'ai une cousine à laquelle je devais être fiancé dès l'enfance, et que je n'ai jamais connue... Elle a péri bien cruellement dans ces montagnes avec son père, le seul parent qui me restât, et c'est le soin de leur vengeance qui m'a été légué aujourd'hui. (On entend au loin le chant des gitanos.)

SERAPHINA. Les gitanos arrivent pour la fête ; j'ai fait dresser une tente près d'ici à mon rendez-vous de chasse... Votre main, capitaine.

LUCIEN (lui offrant la main). Les gitanos... ils me donneront peut-être quelques renseignemens... Je reviendrai... (Au moment où ils sortent, un alguazil entre et remet un papier à D. Lopez.)

LOPEZ. C'est bien... Il faut que j'empêche à tout prix ce mariage, il me coûterait la fortune et l'honneur... c'est trop de la moitié. (Il sort.)

Scène 5°.

INIGO, MARIQUITA, CARMEN, PEPITA, GITANOS, CHŒURS, puis PAQUITA.

Musique de M. Barillet.

De Séville à Valence,
De Madrid à Burgos,
La gaîté, l'espérance,
Guident les gitanos.

INIGO.
Nous n'avons ni patrie,
Ni préjugés, ni lois ;
La liberté chérie
Nous suit au fond des bois.
Plus libres dans l'espace
Que l'oiseau qui fend l'air,
Pour servir notre audace
Nos stylets sont de fer.
CHŒUR.
De Séville, etc.

MARIQUITA.
Point d'ennuis, de tristesse,
Nous narguons l'avenir,
Et nous volons sans cesse
De plaisir en plaisir.
Nous avons pour esclaves
Castillans, Andalous,
Et toujours les plus braves
Tombent à nos genoux.
CHŒUR.
De Séville, etc.

INIGO. Enfans, nous allons nous mettre à l'œuvre. Hâtez-vous donc de vous rendre dans la grotte qui vous sert de cabinet de toilette.

MARIQUITA. Et de salle à manger, sans doute ?

INIGO. Vous courriez risque, en mangeant, de gâter vos costumes ; nous déjeunerons après la fête, (à part) si la recette est bonne.

MARIQUITA (à Carmen). Vieil avare, va !

INIGO. Mais où donc est Paquita ?

CARMEN. Elle nous a quittées tout à l'heure.

MARIQUITA (à Pepita). Aurait-elle pris la clef des champs ?

PEPITA (de même). Ce serait bien fait.

INIGO. Allez, courez toutes, et qu'on me la ramène !

PEPITA. La voilà, maître, qui descend de la montagne avec un bouquet.

MARIQUITA. Pauvre fille ! elle n'est pas encore accoutumée à nos courses lointaines.

PEPITA. Et si elle ne revenait pas, il n'aurait que ce qu'il mérite.

Musique de M. Barillet.

Point de duègnes et point de grilles,
Ni de soupçons injurieux ;
Aux oiseaux, comme aux jeunes filles,
Il faut la liberté des cieux.
La douceur et la confiance
Protègent l'honneur des époux ;
Mais si, dans leur sotte imprudence,
Ils se montrent durs et jaloux,
Femmes, notre vengeance est sûre,
Nos tyrans doivent la subir,
Car par le trou de la serrure
Elle entrerait pour les punir.
Point de duègnes, etc.

INIGO. Que signifie ce retard ? pourquoi vous êtes-vous séparée de vos compagnes ?...

PAQUITA. Pour la première fois je respirais l'air des champs, et je n'ai pu résister au plaisir de cueillir quelques fleurs.

MARIQUITA. Veux-tu essayer ton costume ?

PAQUITA. Pas encore, je m'arrête un instant, je suis brisée de fatigue.

INIGO (à part). Elle espère rencontrer ce maudit Français... je le désire plus qu'elle (haut). Ne tardez pas à nous rejoindre. Allons, enfans, à la grotte.

(Répétition du chœur.)

De Séville, etc., etc.

Scène 6°.

PAQUITA seule, puis LUCIEN.

PAQUITA. Pourquoi suis-je venue ? Cette fête que je désirais tant... eh bien ! elle me rend plus triste encore... Que ne suis-je restée à la posada seule avec ma douleur... j'aurais pu penser à lui... à lui, dont la parole était si consolante.... (Regardant autour d'elle.) Mais ce site, ces montagnes ne me sont pas inconnues... il me semble voir le théâtre d'une scène terrible quand j'étais tout enfant. Je me rappelle des cris.... des coups de feu.... des bras sanglans qui m'emportent... O ! ma mémoire... ma mémoire !...

Scène 7°.

LUCIEN, PAQUITA.

LUCIEN. Une gitana... sans doute, elle m'apprendra où je trouverai Inigo.

PAQUITA. Lui ! sainte Vierge !

LUCIEN. Est-ce bien vous que je revois, Paquita ?

PAQUITA. Mon maître m'a ordonné de suivre les gitanos à la fête, souffrez que j'aille le rejoindre.

LUCIEN. Oh ! un instant, de grâce, je remercie le ciel de cette rencontre, car si elle est fatale à mon repos, elle assurera du moins votre délivrance.

PAQUITA. Que voulez-vous dire ?

LUCIEN. Paquita, vous ne pouvez vivre plus longtemps sous le joug brutal d'Inigo, il faut me suivre (mouvement de Paquita). Oh ! ne vous alarmez pas... sous la protection d'un frère, d'un ami, vous n'avez rien à craindre. La France est une terre d'hospitalité, d'indépendance, où vous vivrez tranquille, heureuse...

PAQUITA. Le suivre en France pour le voir épouser une femme de son rang. Oh ! j'aime mieux souffrir ici (haut), je vous remercie, senor, Inigo m'a recueillie dans ma détresse, et quoiqu'il me fasse payer bien cher sa protection, je resterai près de lui.

LUCIEN. Vous perdre, vous perdre encore ! oh ! non ! désormais c'est au-dessus de mes forces. J'avais juré de vous fuir pour étouffer ce sentiment impérieux qui dominait mon âme... Je voulus même en chercher l'oubli dans d'autres liens, dans de nouveaux devoirs; insensé! Ah! je l'ai senti tout à l'heure rien qu'à votre aspect, au pied de l'autel même, je n'aurais pu prononcer le serment qui m'aurait séparé de vous pour toujours!

PAQUITA (à part). Sa voix porte dans mes sens un trouble jusqu'alors inconnu..., mon front brûle..... ma tête s'égare...

LUCIEN. Je devais remplir à l'instant une mission sacrée... épouser une femme noble, riche, belle... cette mission je l'ai oubliée... ce mariage, je le romps.... au mépris de toutes les lois du monde, au mépris de mes sermens, pour vivre auprès de toi, Paquita, pour toi seule.

PAQUITA (à part). Vivre pour lui... quel bonheur!... quel avenir... oh! non, c'est impossible!

LUCIEN.

AIR: *Cependant je doute encore (Une Passion).*

Quoi! muette, indifférente,
Ne sens-tu rien près de moi?

PAQUITA.

Mais à la pauvre servante
Donneriez-vous votre foi;
Un jour, triste destinée,
Je serais, suivant vos pas,
Malheureuse, et dédaignée;   (Bis.)
Non, je ne vous aime pas!

LUCIEN. Paquita, ne répète pas ces funestes paroles, tu ne seras pas inexorable; si tu refuses de m'accompagner, eh bien! moi, je ne te quitte plus.

PAQUITA. Que dit-il?

LUCIEN.

Oui, sur ton rocher sauvage,
J'irai partager ton sort.

PAQUITA (à part).

Mais une jalouse rage,
Là, le vouerait à la mort.

(A Lucien.)

Ne me suivez pas.

LUCIEN.

Cruelle!

PAQUITA (à part).

Ah! si ma tendresse, hélas!
Doit être pour lui mortelle!
Si ma tendresse est mortelle.

(Haut.)

Non, je ne vous aime pas.

Scène 8e.

LUCIEN, PAQUITA, INIGO, *qui paraît dans le fond.*

INIGO. Ensemble, à la bonne heure!

LUCIEN. Je te suivrai, quoi qu'il puisse advenir.

INIGO. Je l'espère parbleu bien!

LUCIEN. Donne-moi ce bouquet en signe d'espérance!

PAQUITA. Jamais!

INIGO. Diable! je ne la croyais pas si sauvage.

LUCIEN. Oh! dis-moi qu'avant la fête tu auras changé de résolution.

PAQUITA. Plut't mourir auparavant.

INIGO. Il faut trouver un autre moyen; (*paraissant*) que faites vous là, Paquita? allez rejoindre vos compagnes.

PAQUITA. J'obéis, maître (*elle sort*).

LUCIEN (à part). Elle est sans pitié; (*haut*) songeons au devoir qui me reste à remplir... cet homme peut m'être utile; (à Inigo qui sort) deux mots!...

INIGO. Je suis pressé.

LUCIEN. Je serai bref.

Scène 9e.

INIGO, LUCIEN.

LUCIEN. Vous êtes de ce pays?

INIGO. Je n'y suis pas né, mais je l'habite et je l'exploite depuis mon enfance.

LUCIEN. Très-bien, écoutez-moi et répondez avec sincérité.... Vers la fin d'octobre 1795...

INIGO (à part). Caramba! cette date me déplait:

LUCIEN. Le colonel d'Hervilly mon oncle, compromis dans les orages de la révolution française, se retira en Espagne avec laquelle la République était en paix; il avait avec lui une fille âgée de cinq ans.

INIGO (à part). Je respire.

LUCIEN. Quand inopinément, ce matin même, mon général m'a fait appeler : « Lucien, m'a-t-il dit, je sais que tout enfant vous avez été adopté par votre oncle, mon meilleur ami, que vous vénérez sa mémoire....Eh bien! j'ai appris que c'est dans cette contrée... dans la vallée même des Taureaux qu'il a été assassiné avec ses domestiques, avec sa fille. »

INIGO (*vivement*). Il se trompe....

LUCIEN. Vous dites....

INIGO. Qu'il doit se tromper, il n'est pas probable qu'on ait massacré un enfant sans défense.

LUCIEN. « Capitaine d'Hervilly, ajouta le général, si vous parvenez à découvrir les coupables, qu'ils soient punis! je mettrai à votre disposition tous les moyens de recherches et de secours dont je puis disposer »

INIGO (à part). Je tirerais moi-même la corde pour me pendre.

LUCIEN. Habitant le pays depuis longtemps, vous avez dû entendre parler de ce meurtre.

INIGO. Vaguement... très-vaguement.

LUCIEN. Eh bien! remontez à vos souvenirs, voyez, interrogez, et si vous me procurez les moyens de venger mon pauvre oncle...

INIGO (à part). Il s'adresse bien....

LUCIEN. Ma reconnaissance sera sans bornes.

INIGO (à part). Elle me sera bien utile!

LUCIEN. En attendant, voici tout ce que j'ai sur moi (*il lui donne sa bourse*), n'épargnez rien pour découvrir la vérité; punir ces misérables est le seul bonheur qui me reste maintenant sur la terre.

Scène 10e.

INIGO *seul.*

Le seigneur capitaine restera alors complètement malheureux, j'allais faire de la belle besogne... ramener cet officier dans ma posada, où il aurait pu retrouver les dépouilles du colonel d'Hervilly (*à voix basse*) et mieux encore, car je faisais, et j'en suis fier, partie des guérillas qui ont délivré l'Espagne de cet ennemi prématuré... plusieurs de mes compères savent l'histoire dans le pays... les drôles vendraient leur âme pour un réal et ma peau pour un maravedis... sans compter que si le galant une fois chez moi ne reparaissait plus, j'aurais l'armée française sur les trousses... et puis du moment où il m'a donné tout son or... j'ai moins senti le besoin de.... (*il fait signe de poignarder*) cela tient sans doute à mon humanité naturelle... couper une bourse, passe, mais une gorge, on y regarde à deux fois.

Scène 11e.

INIGO, D. LOPEZ.

D. LOPEZ. C'est bien lui, (à un *alguazil*) Baptista, attendez mes ordres (*l'alguazil s'éloigne*).

INIGO (*pendant ce jeu de scène*). Voilà le barbon qui me dévisageait hier avec tant d'attention, un corrégidor! diable! j'aurais mieux aimé passer inaperçu (*il va pour sortir*).

D. LOPEZ. Maître Inigo.

INIGO. Pas moyen de s'esquiver.

D. LOPEZ. J'ai à l'interroger.

INIGO (à part). Encore mentir, ça n'en finira pas.

D. LOPEZ. Tu tiens une posada dans les montagnes?

INIGO. Pas précisément, senor; (à part) il veut me faire payer patente; (*haut*) je donne quelquefois l'hospitalité à des voyageurs égarés, mais je n'accepte rien pour ce petit service.

D. LOPEZ. C'est vrai; mais tu prends tout.

INIGO. Monseigneur !

D. LOPEZ. Tes dénégations sont inutiles... J'avais déjà cru te reconnaître, voici la déposition en règle de Melchior, un de tes gitanos, arrêté pour vol, qui t'a dénoncé afin de gagner le ciel, vers lequel il était déjà à moitié chemin... Un franc aveu de tous les méfaits peut seul te soustraire à leur expiation immédiate.

INIGO. Immédiate.

D. LOPEZ. Et te donner des droits à mon indulgence.

INIGO. J'ai été indignement calomnié, monseigneur, je n'ai rien à avouer.

D. LOPEZ. Rien (*il fait un mouvement vers les alguazils*), tu es bien sûr ?...

INIGO (*piteusement*). Vivant dans les montagnes, au milieu des ours et des loups, je ne néglige aucun moyen de défense, je le confesse ; quelques voyageurs ont eu l'inexprimable pusillanimité de s'effrayer des armes que je portais pour ma sûreté personnelle, et de prendre la fuite, malgré mes efforts pour les retenir ; j'ai recueilli avec soin leurs bagages dans le charitable dessein de les leur rendre à la première occasion, qui, à mon grand regret, ne s'est pas encore présentée.

D. LOPEZ. Je m'aperçois, honnête Inigo, que vous êtes impatient de prendre possession des six pieds carrés qui vous attendent pour gîte, cette nuit. Qu'il soit fait selon votre désir ; (*à la cantonnade*) Baptista !

INIGO. N'appelez personne, monseigneur, la mémoire me revient.

D. LOPEZ. C'est heureux.

INIGO. Il y a douze ans, j'étais en embuscade avec des guérillas, nous vîmes venir un voyageur... un français...

D. LOPEZ. Passe pour un français, il s'agit d'un attentat d'un autre genre....

INIGO. D'un autre genre ?.... serait-ce mon aventure d'il y a deux ans... à Grenade ?

D. LOPEZ. Défile ton chapelet, nous verrons bien.

INIGO. J'avais largement fêté le mardi gras, et pour regagner mon logis je traversais l'allée de Charles-Quint.

D. LOPEZ. L'allée de Charles-Quint !... un soir du mardi gras ?...

AIR : *Ah ! si Madame me voyait.*

Que dit-il ? singulier hasard !

INIGO,

Partout solitude et ténèbre,
Vers sa maison, au bord de l'Ebre,
Une femme rentrait.

D. LOPEZ.

Pendard !

INIGO.

Elle y rentra, mais un peu tard.

D. LOPEZ,

Mais, malheureux, c'était ma femme !
Oui, c'était ma défunte, hélas !

INIGO.

Grâce pour moi.

D. LOPEZ,

Non, c'est infâme !
Toi surtout qu'on n'y forçait pas.
Quand je pens' qu'on t'y forçait pas.

Continue, il ne s'agit pas de cela encore.

INIGO (*à part*). J'aimerais autant être ailleurs. (*Haut.*) L'année suivante, la nuit de Noël, j'avisai près la porte Neuve un digne bourgeois portant un gros sac d'argent, et, comme il fit mine de se défendre, je le laissai pour mort sur la place.

LOPEZ. Et il n'en valait guère mieux, infâme coquin ; c'était moi qui rapportais à Grenade mes fermages de fin d'année... j'en suis resté trois mois au lit.

INIGO. Povero ! c'est fait de moi.

LOPEZ. Il y a dans tes aveux de quoi faire dresser des gibets pour toute ta tribu ; mais tu n'as pas confessé le plus abominable de tes crimes...

INIGO. Je fouille en vain dans mes souvenirs.

LOPEZ. Il t'a été facile de fouiller dans la besace de ces révérends pères franciscains dont tu as dérobé les saintes aumônes.

INIGO (*à part*). Il ne me manquait plus que cela.

LOPEZ. Je n'ai qu'un mot à dire, et tu vas tomber dans les griffes de l'Inquisition, qui te fera couper en morceaux comme saint Arcade.

INIGO. Pitié ! monseigneur !

LOPEZ. Larder comme saint Hubert.

INIGO. Miséricorde !

LOPEZ. Griller comme saint Laurent... Enfin, on fera de toi un calendrier au grand complet.

INIGO. Sauvez-moi ; je suis à vous comme un damné est à Satan.

LOPEZ. J'y consens à une condition.

INIGO. Je comprends, monseigneur. C'est de réparer mes erreurs, de restituer mes larcins, d'héberger les voyageurs gratis, d'achever ma vie dans un hermitage ; je suis prêt à tout.

LOPEZ. Il n'est pas question de ces balivernes. (*Bas.*) Un homme me gêne.

INIGO. Et vous voulez vous en débarrasser...

LOPEZ. Dans le plus grand secret.

INIGO. Muet comme la tombe que j'ouvrirai sur lui !... Son nom ?

LOPEZ. Le capitaine Lucien d'Hervilly.

INIGO. Ah ! diable ! il ne vous serait pas égal de m'en désigner deux autres ?

D. LOPEZ. Il faut que celui-là disparaisse aujourd'hui même... par hasard.. par accident.... tu dois me comprendre.

INIGO. Que trop.... Mais, monseigneur, si vous saviez...

D. LOPEZ. Tu hésites, ce me semble... tu t'avises d'avoir des remords... à ton aise, mon garçon. (*Appelant.*) Baptista !

INIGO. Je ne balance plus ; (*à part*) entre son cou et le mien, mon choix n'est pas douteux.

D. LOPEZ. Il faudra l'attirer adroitement chez toi.

INIGO. J'avais pour cela une excellente amorce, l'amour. Il s'est affolé d'une de mes gitanas.

D. LOPEZ. C'est cela.

INIGO. Voyez mon guignon... elle est vertueuse, et il faut positivement qu'il s'adresse à celle-là quand il avait tant de choix parmi les autres... Tout à l'heure, ici même, elle lui a refusé son bouquet qu'il sollicitait en signe d'espérance.

D. LOPEZ. Je conçois un projet.

INIGO. Puis-je le connaître, monseigneur. (*Musique.*)

D. LOPEZ. La fête de saint Jacques commence, ne t'éloigne pas ; que ton œil soit constamment fixé sur le mien ; tu sauras mon plan au moment de son exécution.

Scène 12e.

LUCIEN, INIGO, D. LOPEZ, MARIQUITA, PEPITA, CARMEN, ANITA, FRÉTILLARD, SÉRAPHINA, PAQUITA.

CHŒUR DE GITANOS.

De Séville à Valence,
De Madrid à Burgos,
La gaîté, l'espérance,
Guident les gitanos.

(*Les gitanos sont en costume de fête. Lucien, Séraphina et le corrég'dor se placent sur des bancs préparés.*)

SÉRAPHINA. Votre récit, capitaine, m'a vivement impressionnée.

LUCIEN. Cet intérêt pour ma famille...

SÉRAPHINA. N'est-elle pas déjà la mienne ?

ANITA (*bas à Frétillard*). Un rendez-vous, la nuit, dans le parc, pourquoi faire ?

FRÉTILLARD. Pour prendre les étoiles à témoin de nos sermens d'amour.

INIGO (*après avoir fait ranger sur une file et fait saluer les gitanas*). Avec l'autorisation de l'illustre corrégidor, la noble assemblée daignera-t-elle permettre à ces jeunes filles de chanter la ballade de saint Jacques, vainqueur des Maures.

SÉRAPHINA. Avec un vif plaisir. (*Le corrégidor fait un signe d'assentiment.*)

INIGO. Approchez, Paquita.

PAQUITA. A quoi suis-je réduite?

INIGO. Excusez son émotion, elle chante en public pour la première fois. (*Bas à Lopez.*) C'est la jeune fille en question.

LUCIEN (*à part*). Pourquoi l'ai-je revue?

AIR : *Musique de M. Bariller.*

PAQUITA.

Souviens-toi de ce jour d'alarmes
Où les Sarrasins, triomphans,
Dans ses murs tombés sous leurs armes,
Grenade, égorgeaient tes enfans.
Les crins épars de leur bannière
Au loin flottaient sur les remparts,
Et les maudits, dans la poussière, (*bis*)
Du Christ foulaient les étendards. (*bis*)

CHŒUR.

Notre prière
Monte vers vous;
Saint tutélaire
Exaucez-nous.
Quel est ce cavalier rapide
Qui vient du ciel en fendant l'air?
Est-ce saint Georges, l'intrépide,
Ou Michel, vainqueur de l'enfer?
C'est saint Jacques de Compostelle;
Espagnols, tombez à genoux!
Et voyez soudain l'infidèle, (*bis*)
Par la fuite éviter ses coups. (*bis*)

CHŒUR.

Notre prière
Monte vers vous;
Saint tutélaire
Protégez-nous.

LUCIEN (*à part*). J'ai peine à maitriser mon trouble.

INIGO. A vous, Mariquita.

SALTARELLO. Vous vous rappelez votre promesse d'hier.

MARIQUITA. Parfaitement, et voici ma main.

(*Mariquita et ses compagnons exécutent une manola.*)

SÉRAPHINA. Recevez mes félicitations, Inigo; vos gitanas dansent comme des fées.

INIGO (*remettant un tambour de basque à Paquita*). Vous êtes la dernière venue, Paquita, et vous connaissez nos usages.

PAQUITA. De grâce, maître, épargnez-moi cette humiliation.

INIGO. Obéissez.

MARIQUITA. Tu es honteuse de quêter devant des hommes.... Enfant que tu es... ils sont bien autrement pressans quand ils quêtent près de nous.

(*Paquita essuie ses larmes et fait le tour de l'assemblée.*)

FRÉTILLARD (*à Mariquita*). Vous êtes ravissante sous ce costume, mais cette fleur est de trop; donnez-la moi, ou je la prends.

MARIQUITA. Vous vous piquerez les doigts.

FRÉTILLARD. C'est mon affaire.

ANITA (*bas à Frétillard*). Que dites-vous à cette gitana; prenez garde.

MARIQUITA (*même jeu*). Je suis Espagnole et je porte un stylet.

FRÉTILLARD. Je l'ai bien vu.

(*Pendant ce rapide dialogue, Paquita, en faisant le tour de l'assemblée, s'arrête devant Lucien, qui met une pièce d'or dans son tambour de basque.*)

LUCIEN (*à voix basse*). Oh! par pitié, Paquita, ce bouquet.

PAQUITA. Jamais!

(*Elle fait un signe de refus. Pendant ce temps, Mariquita laisse tomber la fleur de son corsage, et Frétillard la ramasse.*)

ANITA (*bas à Frétillard*). J'ai tout vu. Rendez cette fleur à la Gitana.

FRÉTILLARD (*de même*). Tout à l'heure.

ANITA (*même jeu*). Sur-le-champ. Il faut choisir entre nous deux.

SÉRAPHINA (*devant qui Paquita s'est arrêtée*). Prenez, Inigo, ce quadruple pour vous (*montrant Paquita*), et ce bracelet pour cette belle enfant. Je retiens d'avance vos gitanas pour les fêtes qui suivront mon mariage avec le capitaine Lucien d'Hervilly.

PAQUITA. Juste ciel!

(*Elle chancelle et laisse tomber son tambour de basque; ses compagnes l'entourent.*)

SÉRAPHINA. Qu'a donc cette jeune fille?

LUCIEN (*à part*). M'aimerait-elle?

LOPEZ.

FINALE : *Musique de M. Bariller.*

Maintenant, honorez l'invincible courage,
Du noble preux, la fleur des guerriers et des saints.
Enfans, de vos bouquets, qu'il reçoive l'hommage,
Gloire au vainqueur des Sarrasins.

INIGO (*bas au corrégidor*).

J'ai compris.

LOPEZ (*de même*).

C'est heureux.

INIGO.

Que chacune obéisse.

MARIQUITA (*à Carmen*).

J'ai perdu mon bouquet.

CARMEN (*lui donnant la moitié du sien*).

Prends, et pas de regret.

FRÉTILLARD. Que ne suis-je le chef d'une telle milice!

PAQUITA. J'aurais voulu garder ces fleurs qu'il désirait.

(*Les gitanas défilent tour à tour en chantant le chœur, et déposent leurs bouquets devant l'image du saint. Inigo s'empare de celui de Paquita, et parle bas à Mariquita.*)

CHŒUR.

Maintenant, honorons l'invincible courage,
Du noble preux, la fleur des guerriers et des saints; } bis.
Mes sœurs, de nos bouquets, qu'il reçoive l'hom-
Gloire au vainqueur des Sarrazins. (mage,)

SÉRAPHINA (*examinant Paquita*).

A d'étranges soupçons je sens mon âme en proie.

MARIQUITA (*allant à Lucien*).

Le senor d'Hervilly.

LUCIEN.

C'est moi.

MARIQUITA.

Loin des jaloux
L'on vous attend... Silence.. et voyez qui m'envoie.

(*Elle lui remet le bouquet de Paquita. Mouvement de Lucien. Mariquita arrête avec un geste le cri qui va lui échapper, et lui commande, du regard, le silence.*)

ANITA (*s'approchant de Mariquita*).

Mariquita?

MARIQUITA.

C'est moi.

ANITA.

Tenez, voilà pour vous.

(*Lucien presse contre son cœur le bouquet de Paquita, et Mariquita, en ce moment, froisse le sien avec colère. Fanfares lointaines*).

LOPEZ (*à Séraphina*).

Au combat de taureaux!.. suivez-moi dans l'arène.

INIGO.

Il mord à l'hameçon.

LUCIEN.

En croirai-je mes yeux.

LOPEZ (à part).

Ma ruse a réussi.

SERAPHINA.

Venez-vous, capitaine.

LUCIEN (accompagnant des yeux Paquita).

Mon ange, je te suis.

MARIQUITA.

L'infâme petit gueux!

CHOEUR.

Voici la fanfare guerrière,
Qui nous annonce le moment,
Où, pour mourir, dans la carrière,
S'élance le taureau fumant.

} bis.

FIN DU DEUXIÈME ACTE.

ACTE TROISIÈME.

Intérieur de la posada; au fond une cheminée; à droite, une fenêtre, au premier plan; un peu plus loin, au même plan, une porte donnant à l'extérieur; à gauche, une autre porte donnant à l'intérieur, auprès, une armoire; au fond, à gauche, près de la cheminée, horloge rustique, table, chaises, etc.

Scène Ire

PAQUITA (seule). Je ne le reverrai plus... Je ne dois plus le revoir... Pendant la fête de saint Jacques, quand son regard suppliant s'arrêtait sur le mien, quand sa douce voix me conjurait de le suivre, je sentais chanceler ma résolution et faiblir mon courage. Merci, mon Dieu, merci de m'avoir donné la force de résister. (Elle entr'ouvre un panneau de la boiserie.) Portrait bien-aimé, si tu m'offres l'image de mon père, dis-moi en son nom qu'il est satisfait du courage de son enfant... Mais j'entends du bruit (entrouvrant les volets de la fenêtre), un homme masqué!... Quel est ce mystère? Qui peut venir chez Inigo à cette heure avancée?... Aurai-je le temps de cacher mon trésor... Si on me surprenait... Comment leur dérober ma présence... Oui, dans cette chambre. (Elle sort par la porte de gauche.)

Scène 2e.

PAQUITA (dans la chambre) INIGO, DON LOPEZ (ôtant son masque).

D. LOPEZ. Tu es sûr qu'il marche sur mes traces.

INIGO. S'il n'est pas arrivé en même temps que vous, et même auparavant, c'est qu'il ne connaît pas aussi bien le pays.

D. LOPEZ. Aucun voyageur n'habite ta posada.

INIGO. Personne. J'ai laissé mes voisins les gitanos à la fête.

D. LOPEZ. Et tu es sûr qu'il viendra seul.

INIGO. Le ramier prend-il un compagnon pour visiter le nid de la colombe.

PAQUITA (avançant la tête). De qui parlent-ils donc?

D. LOPEZ. Il est jeune, audacieux, et ne s'aventurera pas dans cette montagne solitaire sans être armé jusqu'aux dents.

INIGO. J'ai prévu cette circonstance; loger quelques onces de plomb dans sa tête de fou aurait été très-simple, très-facile, mais les échos sont bavards.

D. LOPEZ. Sagement raisonné.

INIGO. J'ai mêlé à cette bouteille d'alicante un narcotique infaillible.

D. LOPEZ. Qui nous le livrera sans défense.

INIGO. Et les choses se passeront sans scandale et sans bruit.

D. LOPEZ. Et s'il refuse de boire.

INIGO. Quatre compagnons que j'attends lui font avaler la lame de leurs stylets.

PAQUITA (bas). Les misérables!

D. LOPEZ. Es-tu bien sûr de tes acolytes!

INIGO. Ah! monseigneur, de parfaits gentilshommes... sans préjugés, qui tueraient un loup sa peau, un moine pour son froc... Il ne sera pas mal de leur lâcher quelques douros pour leur donner du cœur.

D. LOPEZ. Qui me dit qu'après les avoir reçus, ils...

INIGO. Ce doute m'offense pour eux, monseigneur.

D. LOPEZ. Après l'affaire, à toi les cent onces d'or contenues dans cette bourse.

INIGO. Avec lesquels je quitte le pays, emmenant ma jolie Paquita.

PAQUITA (toujours cachée). Horreur!

INIGO. Nos hommes vont venir, partez-vous, seigneur corrégidor?

D. LOPEZ. Je reste et veux tout surveiller...

INIGO. Vous-même...

D. LOPEZ. Sans doute; cette démarche a lieu de t'étonner. La vie de cet homme, voilà le plus grand, le seul danger qui menace mon honneur et ma fortune. Sans lui, Séraphina serait fidèle à son vœu de rester veuve, et de m'abandonner l'administration de ses vastes propriétés, que j'ai pris l'habitude de considérer comme les miennes.

INIGO. Je comprends cela mieux que personne.

D. LOPEZ. Quant à toi, mon brave Inigo, j'ai une confiance sans bornes dans l'hospitalité que tu m'offres.

INIGO. J'ose croire que je l'ai méritée.

D. LOPEZ. Seulement, si je n'étais pas rentré à minuit, tous les alguazils de Grenade battraient le pays, et j'ai poussé la prévoyance jusqu'à laisser ton signalement spécial dans un écrit cacheté.

INIGO. Ah! monseigneur... pouvez-vous supposer...

D. LOPEZ. Rien! (On entend frapper dans la main). Voilà sans doute tes compagnons; je ne veux pas me montrer à eux... Cette chambre...

INIGO. Est celle où couchera le voyageur... s'il couche; elle est, comme la salle où nous sommes, élevée d'un grand étage au-dessus des rochers.

D. LOPEZ. J'y établirai mon poste d'observation.

PAQUITA (toujours cachée). Je crains qu'ils n'entendent les battemens de mon cœur.

INIGO. Mais s'il y entre par hasard?

D. LOPEZ. Le dessous du lit doit être assez large pour servir de refuge.

(Au moment où il va entrer dans la chambre, Paquita en sort et se blottit derrière l'armoire.)

INIGO. Maintenant, le signal convenu. (Il ouvre le volet et frappe dans ses mains; un instant après, quatre gitanos paraissent.)

Scène 3e.

INIGO, BALTHAZAR, PEREZ, MANOEL, BARTHOLOMEO, PAQUITA (cachée).

INIGO. Un excellent coup cette nuit, camarades.

BARTHOLOMEO. De quoi s'agit-il, d'une bourse ou d'une gorge?

INIGO. D'une bourse et d'une gorge.

BARTHOLOMEO. Qui appartiennent...

INIGO. A un Français...

BARTHOLOMEO. Il est agréable à un bon Espagnol de tuer un Français.

PAQUITA. Je comprends tout.

BARTHOLOMEO. Après l'expédition, il faudra détaler, et les cailles ont perdu l'habitude de tomber du ciel toutes rôties.

INIGO. Voilà six douros pour chacun... le double après l'affaire... D'ailleurs, nous tenons le patron sous la main.

PAQUITA. Comment le prévenir avant qu'il n'arrive?

INIGO. L'important est qu'il soit cerné de toutes parts. Perez, fais le guet au bas de cette fenêtre... Manoël au bas de l'escalier... Balthazar s'embusquera de ce côté... Ne vous inquiétez pas de cette chambre, quelqu'un y veille... Quant à toi, Bartholomeo, je te charge du poste le plus important... (Il lui parle bas.)

BARTHOLOMEO. C'est bien.

INIGO. Au premier coup de minuit, vous arriverez tous à la fois; c'est convenu.

(A ce moment, Paquita, qui, pour sortir, marchait au fond de la salle sur la pointe du pied, et ne perdant pas de vue les bandits, heurte une chaise. Inigo et les autres se retournent vivement vers la jeune fille, placée devant la porte.)

INIGO. Paquita... Paquita ici...

BARTHOLOMEO. Elle nous a entendus.

PAQUITA. J'entrais, maître.

BARTHOLOMEO. Elle ment... vois comme elle est troublée... Notre sûreté avant tout,.. il faut qu'elle meure.

(Les bandits font un signe d'assentiment et portent la main à leur poignard.)

PAQUITA (à part). Mourir sans le sauver.

BARTHOLOMEO. Frappons!

INIGO les repoussant rudement (se mettant devant Paquita). Un instant, carambo! vous êtes bien pressés.

BARTHOLOMEO. Laisse-moi tenter une épreuve.

INIGO. Laquelle.

BARTHOLOMEO. Tu vas voir. Dites-nous, jeune fille, et sans hésiter, une ballade de ces montagnes.

INIGO. Je devine son projet. Obéissez, Paquita.

BARTHOLOMEO. Nous attendons. (A part.) Si elle laisse échapper le moindre signe de trouble, elle est perdue.

PAQUITA (à part). Puissé-je avoir encore assez de force.

Musique de M. Bariller.

> Entendez la voix douce
> De la reine des eaux,
> Qui frémit sous la mousse
> Et dans les grands roseaux.
> Au cavalier qui passe
> Près du lac transparent,
> Elle dit avec grâce,
> Dans l'onde se mirant,

(A ce moment, Paquita, qui avait chanté ces huit premiers vers d'une voix qui s'affaiblit peu à peu, semble défaillir. Bartholomeo et les bandits l'entourent, la main au poignard. Paquita, par un dernier instinct, rassemble toutes ses forces et dit le refrain avec vigueur. Sa voix se raffermit tout à fait au deuxième couplet. Inigo fait signe aux gitanos qu'ils peuvent se rassurer).

> Ami, près de la rive,
> Guide tes pas;
> Que ton âme me suive,
> Viens dans mes bras.
>
> C'est la reine de l'onde,
> Sur son trône d'azur;
> Sa chevelure est blonde,
> Son œil limpide et pur.
> Le cavalier s'arrête,
> Rempli d'un doux émoi,
> Et la nymphe répète :
> Pour jamais, sois à moi!
> Ami, loin de la rive,
> Guide mes pas;
> Que ton âme me suive,
> Viens dans mes bras.

(On frappe).

INIGO. Voilà le voyageur.

BARTHOLOMEO. Paquita m'inquiète.

INIGO. Je veillerai sur elle, qu'un de vous aille ouvrir la grande porte... et à vos postes. (Les gitanos disparaissent.)

Scène 4°.

PAQUITA, INIGO, puis LUCIEN.

INIGO. Votre émotion est étrange, en effet, Paquita.

PAQUITA. J'ai rarement vu ces hommes, leurs figures m'épouvantent. On monte... O! mon Dieu! (Lucien paraît.) Bonté divine! je ne m'étais pas trompée.

LUCIEN (à part). Elle m'attendait.

INIGO (d'un air surpris et flatté). Qui procure aussi tard à ma pauvre posada l'honneur de votre visite, senor capitaine?

PAQUITA (très-vite). Le senor n'a pas l'intention de s'arrêter ici... tout le monde est encore à la fête, et vous n'êtes pas remis des fatigues de la route, j'en suis accablée moi-même et nous n'avons rien de préparé.

LUCIEN (à part). Après l'envoi de ce bouquet, ce langage est étrange.

INIGO. Mon hôte daignera, je l'espère, se contenter du peu que nous pourrons lui offrir.

LUCIEN. Le véritable but de ma venue, mon cher Inigo, est de savoir si vous n'avez encore rien découvert.

INIGO. Il y aura bientôt du nouveau, et je pense, senor, vous épargnez la peine de toutes recherches.

LUCIEN. C'est bien, je vous remercie... aucune puissance humaine ne m'aurait empêché de vous visiter ce soir. (Il entrouvre son manteau et montre à Paquita les fleurs qu'il y a cachées.)

PAQUITA. Mon bouquet! quel soupçon!

INIGO (se plaçant entre Lucien et Paquita). Souffrez, senor cavalier, que je vous débarrasse de tout cet attirail. (Il prend les pistolets et le sabre de Lucien.) Paquita placez ce manteau quelque part.

(Il enlève les amorces des pistolets. Paquita, en feignant d'accrocher le manteau à un clou, le fait tomber sur la tête d'Inigo, puis se précipite vers Lucien, tandis que le gitano cherche à se débarrasser.)

PAQUITA (bas). Partez, au nom du ciel!

LUCIEN (montrant le bouquet). Ce message...

PAQUITA (bas). Ne vient pas de moi.

LUCIEN. Qui donc...

INIGO (se débarrassant du manteau). Vous êtes bien maladroite, Paquita. Allons, venez avec moi préparer le souper de notre hôte.

PAQUITA. A quoi bon, puisqu'il va se remettre en route.

INIGO. Vous ne me ferez pas cet affront.

LUCIEN. Je n'en ai pas la moindre envie, je vous jure, et je reste. (A part) Elle veut m'éloigner, je saurai pourquoi... Un rival, peut-être.

PAQUITA (à part). Il est perdu!

INIGO. Nous allons d'abord allumer du feu, car les nuits sont froides dans ces montagnes couronnées de brouillards... (On frappe.) Qui nous arrive à cette heure? (A part.) Le fâcheux contretemps!

PAQUITA (à part et avec élan). Du secours! c'est du secours!

LUCIEN. Un voyageur égaré, sans doute.

INIGO. Ou un vagabond.. un malfaiteur... ce pays n'est pas sûr.

UNE VOIX DU DEHORS. Ouvrez! ou, par le Cid Campéador, je fais sauter la serrure avec la pointe de mon sabre!

INIGO. Allons, il faut se décider; je vais vous ouvrir. Suivez moi, Paquita. (A part, la regardant.) Tant que cet étranger sera ici, je ne la quitterai pas plus que son ombre.

PAQUITA (en sortant). Au moins nous serons deux pour le défendre.

Scène 6°.

LUCIEN, puis SÉRAPHINA en trompette de dragons.

LUCIEN. Je m'y perds et ne sais que résoudre... C'était bien son bouquet, et elle prétend ne pas me l'avoir envoyé... Serait-elle coquette? veut-elle se jouer de moi, me trahir?

SÉRAPHINA (entrant). Salut, mon capitaine.

LUCIEN. L'uniforme de mon régiment... et cependant il me semble que ce visage...

SÉRAPHINA. N'appartient pas aux dragons de l'impératrice... Il y a quelque chose de vrai, dans votre supposition... mais cet habit d'ordonnance n'en est pas moins à moi par droit de représailles.

LUCIEN. De représailles...

SÉRAPHINA. Sans doute... votre petit lutin de Frétillard s'est introduit pour conquérir une de mes cameristes dans mon château de Villaflor, où il est en ce moment sous clef... je l'ai fait changer de costume et je me suis emparé de celui qu'il portait et qui ne me sied pas mal, ainsi que vous pouvez le voir, mais je suis bien gardé de revêtir son caractère et ses goûts; le fripon ne fait que des sottises, tandis que je me suis mis dans la tête de réparer les vôtres.

LUCIEN. Certainement, senora, vous avez le droit de blâmer.

SÉRAPHINA. Vous blâmer, non... vous plaindre, à la bonne heure... pauvre fou!

LUCIEN. Je pourrais vous tromper, vous dire que des motifs de position et de famille retardent notre union.

SÉRAPHINA. Est-ce que je vous croirais...

LUCIEN. Je dois, en galant homme, rompre nos projets d'union, car j'aime une autre femme avec ivresse, avec délire...

SÉRAPHINA. Je le sais bien... c'est justement pour cela que vous me voyez ici dans ce belliqueux équipage...

LUCIEN. Je comprends, vous avez voulu dans notre rupture prendre l'initiative.

SÉRAPHINA. Du tout, on voit bien que vous ne connaissez pas encore Seraphina de Villaflor.... J'ai juré que vous serez mon mari et vous le serez.

LUCIEN. Mon âme, ma vie, mon avenir de bonheur appartiennent à une autre.

SÉRAPHINA. Une petite gitana... une fille de Bohême... avec elle l'avenir a tout au plus vingt-quatre heures.

LUCIEN. Oh! ne tenez pas ce langage, ma bien aimée, ma Paquita chérie est la pureté et l'innocence même.

SÉRAPHINA. Je sais bien qui est le plus innocent, du capitaine ou de la gitana... Heureusement je suis là... Du reste, nous reparlerons de tout cela en route.

LUCIEN. En route?

SÉRAPHINA. Certainement, n'allez-vous pas me reconduire au château?

LUCIEN. Mais, senora, puisque vous êtes venue seule...

SÉRAPHINA. Je puis m'en aller de même, n'est-il pas vrai? Cette galanterie est peu chevaleresque; mais je me suis promis que, quoi que vous puissiez faire ou dire, de ne pas me fâcher.

LUCIEN. Souffrez, senora, que je ne prolonge pas un entretien pénible pour tous deux.

SÉRAPHINA. Le fait est qu'entre deux cavaliers cela pourrait mal finir (Elle frappe sur son sabre). Mais nous n'en viendrons pas à une querelle avant le mariage, ce serait prématuré. Je ne vous retiens plus; puisque je ne suis pas votre femme, je n'ai pas encore... le droit de commander.

LUCIEN (la saluant). Je vous cède la place. (Il entre dans la chambre latérale.)

Scène 7.

SÉRAPHINA, seule.

Vos efforts pour me résister seront vains, mon beau Renaud, je vous arracherai aux enchantements d'Armide. Le général en chef est fort de mes amis, je lui fabrique je ne sais quelle histoire de trahison... un conte bleu... sauf à justifier le faux coupable quand il sera loin d'ici. Une escorte de quelques cavaliers suffira... Un rapt de capitaine à main armée... l'idée est ravissante!

Scène 8.

SÉRAPHINA, PAQUITA.

PAQUITA (apportant du bois dans son tablier, très-vitement et très-essoufflée, bas). Le capitaine d'Hervilly court le plus grand danger.

SÉRAPHINA. A qui le dites-vous?

PAQUITA. Il faut le sauver.

SÉRAPHINA. C'est aussi mon dessein.

PAQUITA (pouvant à peine parler). Sachez donc qu'il y en a quatre.

SÉRAPHINA. Quatre gitanas... C'est beaucoup... Je le plains.

(Inigo apparaît apportant le souper.)

Scène 9.

INIGO, SÉRAPHINA, PAQUITA.

(Inigo entre rapidement et ne quitte plus des yeux Paquita).

INIGO. Comme vous courez, Paquita.

SÉRAPHINA. Vous n'avez pas dessellé mon cheval.

INIGO. Non, senora.

SÉRAPHINA. Et vous avez bien fait. Je repars sur-le-champ.

INIGO. Ah! tant mieux.

PAQUITA (à part). Comment lui faire comprendre...

SÉRAPHINA. Je vous recommande de veiller sur cette jeune fille.

INIGO. Je vous remercie, senora.

SÉRAPHINA. De ne pas la perdre de vue un instant.

INIGO. Vous n'avez pas besoin de me le recommander.

(Paquita fait des signes de détresse et de supplication à Séraphina.)

SÉRAPHINA. Tenez, en ce moment même, elle me fait des signes d'intelligence, mais elle se trompe d'adresse; mon cœur est cuirassé contre les attaques de la coquetterie. Je sais à quoi m'en tenir.

Air: *Musique de M. Bariller.*

Si vous ne veillez pas sur elle,
Vous ferez bientôt votre deuil
De cette tendre tourterelle.

INIGO.

Je ne dors jamais que d'un œil.

(Paquita redouble d'instances mimées.)

SÉRAPHINA.

Mais voyez donc, encore un signe.
Ma chère, c'est du temps perdu.

(Paquita continue.)

Ce manège à la fin m'indigne,
Car je suis dragon... de vertu.

(Ensemble.)

SÉRAPHINA.	INIGO.
Si vous ne veillez pas sur elle,	Je veille incessamment sur elle,
Vous ferez bientôt votre deuil	Et pour ne pas faire mon deuil
De cette tendre tourterelle,	De cette tendre tourterelle
Ne dormez jamais que d'un œil.	Je ne dors jamais que d'un œil.

Scène 9.

INIGO, PAQUITA, LUCIEN.

PAQUITA (à part). Partie... plus d'espoir...

INIGO. Mes compères avaient raison.... Paquita se doute de quelque chose... mais elle ne dira pas un mot à ce Français... je suis là.

LUCIEN (sortant de la chambre. A part). J'avais bien entendu sa voix, et ne pouvoir lui parler.

INIGO (à Paquita). Hâtez-vous de faire du feu à notre hôte.

(Paquita exécute cet ordre; en passant derrière Inigo qui la sépare toujours du Français, elle fait tomber une bûche dans les jambes d'Inigo. Tandis que celui-ci se courbe avec un cri de douleur, Paquita jette rapidement, à voix basse, ces mots à Lucien): On en veut à vos jours. (Elle va à la cheminée.)

LUCIEN. Que dit-elle? serait-ce là le mot de cette étrange énigme. (Il reprend ses armes.) J'ai sagement agi, n'est-ce pas, maître Inigo, en ne me séparant pas de mes amis fidèles. Avec eux, je n'ai rien à craindre.

En ce moment, Paquita, qui est accroupie devant la cheminée, casse quatre morceaux de bois sec.)

LUCIEN (à part). Quatre... le nombre des meurtriers, peut-être.

INIGO (tout en serrant le souper). Quel danger pouvez-vous courir dans une posada aussi tranquille, aussi sûre que la mienne?

PAQUITA. Mon maître a raison, senor, aucun danger ne vous menace en ce moment.

LUCIEN. Je le crois... mais la soirée doit s'avancer ; je voudrais savoir l'heure?

INIGO (*tirant une grande montre de sa poche*). Onze heures et demie, senor.

(Paquita, qui a allumé le feu, en passant devant l'horloge, enfonce une de ses épingles à cheveux près du chiffre 12. Lucien qui a regardé après que Paquita est passée.)

LUCIEN (*à part*). L'heure est minuit.

INIGO. Maintenant, nous n'avons plus rien à faire ici, à moins que notre hôte ait des ordres à nous donner. Nous dions nous retirer, et le laisser souper en paix. (*À Paquita, qui ajoute un couvert*) Pourquoi ce couvert, Paquita?

PAQUITA. J'ai cru entendre que le senor capitaine vous avait invité à partager son repas.

LUCIEN (*à part*.) Elle me conseille de le retenir. (*Haut*.) Nous sommes de vieilles connaissances, maître Inigo, et vous ne me refuserez pas le plaisir de votre compagnie. Mettez-vous là sans façon.

INIGO. Monseigneur serait assez bon. (*A part*.) Tant mieux, il me sera plus facile d'arriver à mes fins. (*Haut*.) Qu'il soit donc fait suivant votre désir. (*Il verse du vin à Lucien, auquel Paquita fait signe qu'il peut boire.*) A votre santé, senor.

LUCIEN. Ce vin est délicieux. (*Ils vident leurs verres*.)

INIGO. Il est faible et sans saveur, au contraire... J'ai hâte de finir ce flacon pour vous offrir quelque chose de bien meilleur. (*Il verse le reste dans son verre, va à l'armoire chercher une autre bouteille.*)

PAQUITA (*guettant le moment où Inigo qui l'observe a la tête baissée.*) Ne buvez plus.

INIGO (*relevant la tête*). Voilà, mon cher hôte, un certain vin comme jamais vous n'en avez bu. (*Il verse dans le verre de Lucien et reprend le sien qui est resté à moitié plein.*) A votre santé, senor ! Pardon si je trinque avec cette piquette... mais il ne faut rien perdre...

LUCIEN. Je n'ai plus soif.

INIGO. Rien qu'une petite goutte... une larme...

LUCIEN (*avec énergie*). Je vous dis que je n'ai plus soif.

(En ce moment, Paquita fait tomber une pile d'assiettes qui se brisent.)

INIGO. La maladroite. (*Il se détourne pour voir le dégât, et Paquita change prestement les verres de place.*)

LUCIEN (*vivement*). Eh bien ! maître Inigo, puisque vous le voulez absolument, à votre santé !

INIGO. A la vôtre ! Je suis fier d'un pareil honneur. (*A part.*) Il est pincé. (*Haut.*) Si Paquita nous chantait quelque chose.

PAQUITA. Mon maître!

INIGO (*à part*). La musique achèvera ce qu'a commencé le vin.

PAQUITA (*à part*). Quelle idée ! (*Haut.*) Je ne sais qu'obéir.

AIR : *Musique de M. Bariller.*

Dormez ! ô vous que j'aime ;
Qu'un mensonge enchanteur,
Jusqu'en vos rêves même,
Vous rende le bonheur.

1er COUPLET.

Sommeil, de nos alarmes,
Doucement oublieux,
Tu taris de nos larmes,
La source dans nos yeux !

(*Avec intention*).

Dormez ! ô vous que j'aime ! etc.

LUCIEN. Ce refrain sur lequel elle semble s'appuyer est un conseil peut-être ; essayons... (*Il feint de dormir.*)

PAQUITA.—2e COUPLET.

Sauvegarde éternelle,
Magique talisman,
Le sommeil, sous son aile,
Nous cache et nous défend.

INIGO (*voyant Lucien qui feint de s'endormir pendant le couplet*). Le narcotique opère... pauvre diable... il me fait compassion... la victoire ne nous aura pas coûté cher.

PAQUITA.

Dormez ! ô vous que j'aime ! etc.

INIGO. Ah ça ! mais... qu'est-ce que je sens donc moi-même.... mes idées s'embarbouillent.... Tiens ! c'est drôle !

PAQUITA.—3e COUPLET.

Par une image sombre
Révélant les enfers,
Il fait trembler dans l'ombre
Et punit le pervers.

INIGO (*qui s'est levé, cherche à lutter contre le sommeil*). Mon front brûle... mes paupières se ferment... la force m'abandonne... Paquita ! à moi !... Bartholomeo... D. Lopez. (*Il tombe sur la chaise, et son front se courbe sur la table.*)

PAQUITA (*reprend ironiquement, en se tournant vers Inigo endormi*). Dormez, ô vous ! etc. (*Après le dernier refrain, elle va à Lucien et le réveille.*) Vite, senor officier... il est endormi.

LUCIEN. Que se passe-t-il donc ?

PAQUITA. Partout des assassins ; j'ai tout fait pour vous avertir du piége ; mais je ne puis vous sauver ; je me perds avec vous.

LUCIEN. Généreuse fille... Ah! ma vie désormais t'appartient tout entière... mais ces fleurs... ce perfide message, d'où vient-il ?

PAQUITA. On me les a dérobées pour vous perdre... Inigo... Mariquita... le corrégidor... je ne sais qui... mais ce n'est pas moi, je vous le jure par ce que j'ai de plus sacré au monde... par ce Dieu devant qui nous paraîtrons bientôt peut-être, par ce portrait (*elle tire le portrait*).

LUCIEN (*avec jalousie*). Dont l'original vous est bien cher, sans doute.

PAQUITA. Ce portrait était toute ma joie, tout mon espoir, toute ma famille ; si je dois en croire l'amie qui me l'a donné, il offre l'image d'un parent... d'un père... (*Elle donne le portrait à Lucien.*)

LUCIEN. Qu'ai-je vu, bonté divine ! le général d'Hervilly, mon oncle... Paquita, votre âge.

PAQUITA. Dix-sept ans.

LUCIEN. Emmeline avait cinq ans ; il y en a douze que le crime a été commis... dans ces montagnes... cette chevelure blonde... cette physionomie de mon pays... cette ressemblance que je retrouve... Ah ! le ciel m'est témoin que pour t'adorer comme on adore un ange, pour te donner mon amour et ma foi, je n'attendais pas qu'il me fût permis de dire : les hommes avant Dieu nous avaient fiancés... Nous avons la même patrie... Nous sommes de même sang... Paquita... ma sœur... ma bien-aimée... dans mes bras, avec toi la mort!... le bonheur.

PAQUITA (*se jetant dans ses bras*). Oh ! non pas la mort, elle me serait trop cruelle à présent.

LUCIEN (*prenant les pistolets*). Je te défendrai !

PAQUITA. Impossible, Inigo a fait disparaître les amorces...

LUCIEN (*prenant son sabre*). Ce sabre....

PAQUITA. Ils sont quatre armés de pistolets. Ecoutez, cette chambre ne renferme qu'un meurtrier !... le corrégidor de Grenade, qui a commandé et payé le crime.

LUCIEN. Que lui ai-je donc fait ?

PAQUITA. Vous le mettrez peut-être hors d'état de nous suivre.. nous attacherons les rideaux à la fenêtre pour gagner la campagne. (*Il court à la porte de gauche.*)

LUCIEN. Ne perdons pas une minute... Malédiction ! la porte est fermée.

PAQUITA. Oui, fermée... il aura craint notre désespoir, nous sommes perdus sans miséricorde... Ecoutez, voilà l'heure fatale... minuit. (*Elle montre l'horloge, bruit dehors.*)

LUCIEN. Des pas retentissent sur l'escalier.

PAQUITA. Les meurtriers peut-être...

LUCIEN. Sur mon cœur, Emmeline, et que notre dernier soupir s'exhale en même temps.

Scène 10e.

PAQUITA, LUCIEN, INIGO endormi, BARTHOLOMEO paraissant à la fenêtre, les autres par la porte de droite, puis SÉRAPHINA et FRÉTILLARD.

BARTHOLOMEO. Il faut mourir, je vous donne une minute pour recommander votre âme à Dieu.
LUCIEN. Mourir, elle, par pitié épargnez-la...
PAQUITA. Eux de la pitié !... (Les bandits les entourent.)
SÉRAPHINA (au dehors). Ouvrez, au nom de l'empereur. (Bruit de fusils.)
LUCIEN. Des frères d'armes !
PAQUITA. Des amis !
BARTHOLOMEO. Des Français !

PAQUITA (avec énergie). Brisez cette porte. (Les bandits se reculent avec effroi au fond de la chambre.) (Séraphina entre).
SÉRAPHINA. Capitaine, un officier me suit porteur d'un ordre de votre général ; en son nom je vous arrête.
LUCIEN. Dites que vous me sauvez.
SÉRAPHINA. De quel danger ?
LUCIEN. Elle vous le dira, elle qui l'a bravé pour moi. (Un des bandits se dirige vers la porte de gauche, deux autres vers la porte de droite, Bartholomeo vers la fenêtre.)
FRÉTILLARD (paraissant à la fenêtre). Arrière ou je te brûle la moustache ; bandits, vous êtes cernés.
LUCIEN. Dona Seraphina, voici Emmeline d'Eervilly, ma sœur par le sang, ma femme par son amour.

(Des soldats arrivent et cernent les brigands. Inigo s'éveille, veut se lever et est arrêté par Frétillard, qui le tient en respect avec deux pistolets. TABLEAU.)

FIN.

Les emplois étant indiqués avec la distribution, il ne reste plus à ajouter que quelques observations : le petit rôle de Nunez, le marchand forain, important au point de vue musical, doit être joué par le second ténor, s'il y a troupe d'opéra.

Le rôle de Paquita (bien que l'effet dramatique soit avant tout nécessaire) ne peut que gagner à être donné également à une chanteuse, à cause de la quantité de musique nouvelle qu'il renferme ; au théâtre Beaumarchais (où l'ouvrage a été joué avec beaucoup d'intelligence et d'ensemble), des nécessités de distribution ont fait placer la danse dans le rôle de Mariquita. — Autant que possible, le pas espagnol du 2e acte devra être exécuté par Paquita elle-même, et plutôt seule qu'avec un cavalier.

Le rôle de Saltarello peut être au besoin supprimé, ceux de Carmen et de Pépita réunis.

Voir, quant aux principaux costumes, les gravures exécutées pour le ballet de l'Opéra. Seulement, Lucien et Frétillard ont l'uniforme de dragons de l'impératrice au lieu de celui de hussards. Le Corrégidor a le costume à la française, tout noir, avec des broderies de jais, claque à trois cornes, manteau brun ou noir, épée d'acier, perruque avec une bourse, mais sans poudre. Seraphina, aux deux premiers actes, au lieu de costume noir de l'opéra, une amazone de fantaisie.

S'adresser, pour tout ce qui regarde la musique, à M. BARILLER, au théâtre Beaumarchais.

PARIS. — IMPRIMÉ PAR E. PRÉÈRE, RUE SAINTE-ANNE, 55.

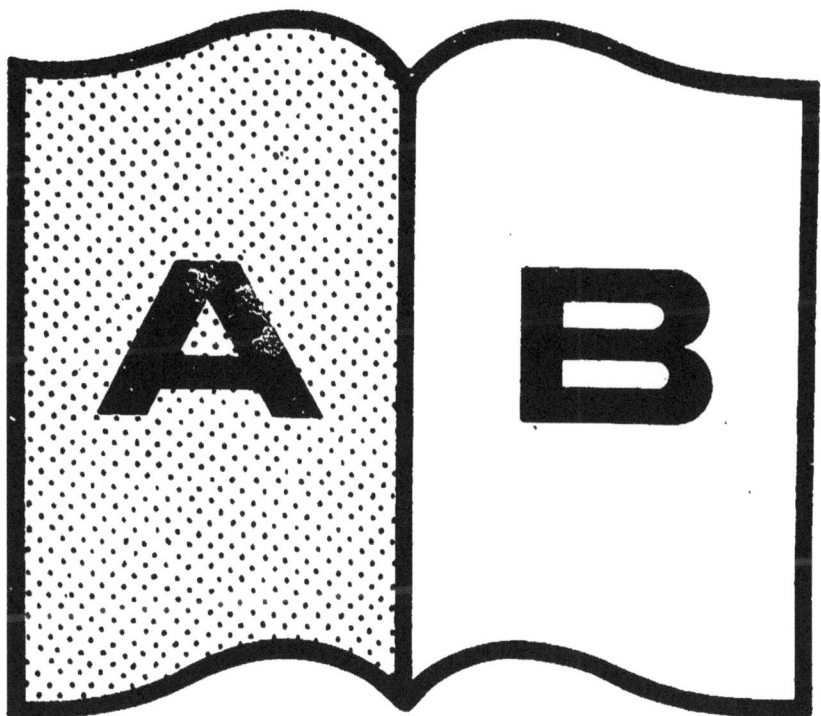

Contraste insuffisant

NF Z 43-120-14